Eine Bildreise

Hans Jessel/Dietrich zur Nedden/Michael Quasthoff/Ellert & Richter Verlag

Schönes Niedersachsen

Beautiful Lower Saxony/Splendide Basse-Saxe

Autoren/Authors/Auteurs/Impressum

Hans Jessel, geb. 1956 in Westerland, ist Diplomgeograph. Er lebt als freiberuflicher Schriftsteller und Fotograf in Keitum auf Sylt. Zahlreiche Ausstellungen, Foto- und Textveröffentlichungen, u. a. zwei Reisehandbücher über Madeira und die Azoren. Im Ellert & Richter Verlag erschienen seine Bücher „Nordfriesland − Ein Reisebuch", „Sylt − Ein Reisebuch", „Das Radwanderbuch Sylt", „Sylt − Eine Bildreise", „Friesenhaustüren", „Schleswig-Holstein − Eine Bildreise", „Mecklenburg-Vorpommern − Eine Bildreise", „Auf Caspar David Friedrichs Spuren" und „Sachsen − Eine Bildreise".

Dietrich zur Nedden, geb. 1961 in Hannover. Nach Abitur und Zivildienst Studium der Geschichte, Soziologie und Germanistik. Seit 1987 tätig als freier Autor in Hannover mit einem Intermezzo als Redakteur bei einer Stadtillustrierten.

Michael Quasthoff, geb. 1957 in Hildesheim. Nach Abitur und Zivildienst Studium der Germanistik und Geschichte. Mitarbeiter für Tageszeitungen, Magazine und verschiedene Anstalten des öffentlich-rechtlichen Rundfunks. Nach einem festen Engagement als Chefredakteur einer Stadtillustrierten arbeitet er heute als freier Publizist in Hannover.

Hans Jessel, born in Westerland in 1956, is a geography graduate who lives in Keitum on Sylt and works as a freelance writer and photographer. Has held many shows and been widely published (text and photos), including travel guides to Madeira and the Azores. Work published by Ellert & Richter Verlag: "North Friesland−A Travel Guide," "Sylt−A Travel Guide," "The Cyclist's Guide to Sylt," "Sylt−A Pictorial Guide," "Frisian House Doors," "Schleswig-Holstein−A Pictorial Journey," "Mecklenburg-Western Pomerania−A Pictorial Journey," "In Caspar David Friedrich's Footsteps" and "Saxony−A Pictorial Journey."

Dietrich zur Nedden, born in Hanover in 1961, read history, sociology and German studies after social work in lieu of military service and has worked as a freelance writer in Hanover since 1987, with an intermezzo as a staff writer for a city listings magazine.

Michael Quasthoff, born in Hildesheim in 1957, studied history after social work in lieu of military service. Writes for newspapers, magazines and radio. Was editor of a city listings magazine and is now a Hanover-based freelancer.

Hans Jessel, né en 1956 à Westerland, est géographe diplômé. Ecrivain et photographe free-lance, il vit à Keitum, sur l'île de Sylt. Nombreuses expositions, publications d'œuvres photographiques et de livres, dont deux guides de voyage sur Madeire et les Azores. La maison d'édition Ellert & Richter a publié ses ouvrages «La Frise du Nord − Un album de voyage», «Sylt − un album de voyage», «Guide de randonnées à bicyclette sur l'île de Sylt», «Sylt − un voyage illustré», «Portes de maisons en Frise», «Voyage illustré à travers le Schleswig-Holstein», «Voyage illustré à travers la Poméranie occidentale», «Sur les traces de Caspar David Friedrich» et «Voyage illustré à travers la Saxe».

Dietrich zur Nedden, né à Hanovre, en 1961. Poursuit des études d'histoire, de sociologie et de philologie allemande après avoir obtenu le baccalauréat et fait son service civil. Travaille en tant qu'auteur free-lance depuis 1987 à Hanovre, après un intermède de rédacteur auprès d'un magazine de la ville.

Michael Quasthoff, né à Hildesheim, en 1957. Etudes de philologie allemande et d'histoire après l'obtention du baccalauréat et l'accomplissement de son service civil. Travaille pour différents quotidiens, magazines et stations de radio du secteur public. D'abord rédacteur en chef d'un périodique de la ville, il est aujourd'hui publiciste free-lance à Hanovre.

Text und Bildlegenden/Text and captions/Textes et légendes: Dietrich zur Nedden, Hannover/Michael Quasthoff, Hannover
Fotos/Photos/Photographie: Hans Jessel, Keitum/Sylt
Alle Aufnahmen mit Leica-Kameras und Objektiven/All photographs taken with Leica cameras and lenses/Toutes les photographies ont été prises à l'aide d'appareils et d'objectifs de la marque Leica.

Titel/Cover/Couverture: Altländer Bauernhof in Steinkirchen/Bergfried
Traditional Altes Land farmhouse in Steinkirchen/Bergfried
Ferme du Vieux Pays à Steinkirchen/Bergfried

Übertragung ins Englische/English Translation/Traduction Anglaise: Paul Bewicke, Hamburg
Übertragung ins Französische/French Translation/Traduction Française: Michèle Schönfeldt, Hamburg
Karte/Map/Carte Géographique: Computer-Kartographie Huber, München
Gestaltung/Design/Maquette: Hartmut Brückner, Bremen
Satz/Setting/Composition: KCS GmbH, Buchholz/Hamburg
Lithographie/Lithography/Lithographie: Lithographische Werkstätten Kiel, Kiel
Druck/Print/Impression: C. H. Wäser KG, Bad Segeberg
Bindung/Binders/Reliure: Buchbinderei Büge, Celle

Die Deutsche Bibliothek − CIP Einheitsaufnahme

Schönes Niedersachsen = Beautiful Lower Saxony/ Hans Jessel (Fotos); Dietrich zur Nedden; Michael Quasthoff. (Text).
− 2. Aufl. − Hamburg: Ellert und Richter, 1995
(Eine Bildreise)
ISBN 3-89234-453-1
NE: Jessel, Hans; Nedden, Dietrich zur; Quasthoff, Michael; Beautiful Lower Saxony

Inhalt/Contents/Sommaire

Gewiß, jedes Land der Bundesrepublik hat seine Besonderheiten, doch nur Niedersachsen kann Mittelgebirgshöhen von mehr als 900 Metern und kilometerlange Küsten aufweisen. Im Winter lockt der Harz mit Skipisten und Loipen, während die windumtosten Strände und Dünen der Ostfriesischen Inseln zum Spaziergang in salziger Luft laden. Im Hochsommer streift der Blick über den violetten Teppich der sanft hügeligen Heide, deren karger Zauber noch zu Beginn des 19. Jahrhunderts von kaum jemandem beachtet wurde.

Zur Vielfalt niedersächsischer Landschaft gehören der weitgespannte Himmel und der ferne Horizont, das schmale Band der Marschen entlang der Küste und die Seen im Hochmoor, die Kuppen und Täler des Weserberglands, die, wenn sie in der Frühlingssonne leuchten, manchem das Gefühl geben, in der Toskana zu weilen.

Um die Menschen, die hier leben, zu verstehen, muß man, um nicht in Klischees steckenzubleiben, die über die sturen, rauhbeinigen, einsilbigen Niedersachsen kursieren, weit zurück in die Geschichte gehen.

Die Sachsen, die etwa seit dem 4. Jahrhundert zwischen Harz und Nordsee, zwischen Elbe und den Mooren des Emslandes siedelten, vermischten sich hier mit Cheruskern und Chauken und sind von jeher ein überaus beharrliches Völkchen. Eine Handvoll Rastloser eroberte nebenbei England, aber die Mehrheit blieb — wie ihre Sprache, das Altsächsische, aus dem später das Plattdeutsch wurde.

Als Karl der Große das Herzogtum Sachsen unter Widukind dem Frankenreich einverleiben wollte, brauchte er dafür über 30 Jahre. Um so gewalttätiger wollte er die Christianisierung durchsetzen, ein Unterfangen, das, wie Lästermäuler immer wieder betonen, bis heute nicht überall im Lande verwirklicht worden ist.

Das Gebiet, das 1946 zum Bundesland Niedersachsen wurde, entspricht weitgehend dem des mittelalterlichen Herzogtums Sachsen. 1180 wurde es auseinandergerissen, als Heinrich der Löwe, der als Herzog von Sachsen und Bayern nicht nur München gründete, sondern auch Mecklenburg und Vorpommern erobert hatte, von seinem Vetter Friedrich Barbarossa entmachtet wurde.

Während in der Folge — bis ins 19. Jahrhundert hinein — Sachsen zersplittert war in bis zu vierzig Fürstenhäuser, Bistümer und freie Städte, war der Name Sachsen auf rein dynastischem Wege südostwärts die Elbe hinauf gewandert. Und für das in Stücke geschlagene Stammland setzte sich der Begriff Niedersachsen durch — erstmals erwähnt im Jahre 1354.

Mit Eigensinn wurde dort, wo heute Niedersachsen liegt, auch von alters her Politik gemacht. Der Freiheitsgedanke und demokratische Gesellschaftsformen haben hier eine lange Tradition. Die Sachsen kannten keine monarchische Elite, ihre Abgeordnetenversammlung — nachgewiesen ist der „Allthing" bei Marklohe für das Jahr 770 — gilt als das erste Parlament auf deutschem Boden.

Die Bauernfreistaaten der Friesen, Stedinger und Dithmarscher entwickelten das Prinzip der „alten Volksfreiheit", eine geradezu als kommunale Selbstverwaltung zu nennende Alternative zum autoritären Obrigkeitsstaat, und ihr erbitterter Kampf gegen Adel und Kirche währte jahrhundertelang bis zur „letzten Fehde" 1559.

Zivilcourage bewiesen auch die „Göttinger Sieben", jene Professoren, die sich 1837 gegen die Willkür ihres Königs Ernst August wandten und auf die Einhaltung der Verfassung pochten.

Nach dem Zweiten Weltkrieg fanden hier zwei Millionen Flüchtlinge eine neue Heimat, so daß gewissermaßen wieder ein neuer Menschenschlag entstanden ist. Das ist zwar eine andere Geschichte, hat aber unmittelbar mit der des Bundeslandes Niedersachsen zu tun. Die Besatzungsmächte lösten nach dem Sieg über Nazi-Deutschland Preußen auf. Der Gebietsrat Niedersachsen entstand, in dem die bisherige preußische Provinz Hannover und die Länder Oldenburg, Braunschweig, Schaumburg-Lippe und Bremen zusammengefügt waren. Hannovers Oberpräsident Hinrich Wilhelm Kopf hatte entscheidenden Anteil daran, daß am 1. November 1946 durch die Verordnung Nr. 55 das Land Niedersachsen (ohne den Stadtstaat Bremen) gegründet wurde. So war, nach fast 800 Jahren des Getrenntseins, wieder ein Gebiet entstanden, das etwa dem des Herzogtums Sachsen entspricht, wie es Heinrich der Löwe einst regiert hatte.

True, there is something special about every German state, but only Lower Saxony can boast both 3,000-feet peaks in the Mittelgebirge mountain ranges and miles of coastline. In winter the Harz Mountains tempt the visitor with their ski slopes and runs, whilst the wind-swept beaches and dunes of the East Frisian islands invite you to take a walk in the salty air. And in midsummer the gaze roams across the purple, heather-clad carpet of the gently undulating Lüneburg Heath, whose sparse magic scarcely anyone heeded before the early 19th century.

The variety of Lower Saxon countryside includes the wide open sky and the far horizon, the narrow strip of marshland along the coast and the lakes up in the moors, and the hills and dales of the Weser uplands which as they gleam in the morning sunshine give many people the feeling of being in Tuscany.

To understand the people who live here, to go beyond the clichés which do the rounds about the stubborn, rough and ready, monosyllabic Lower Saxons, you have to go far back into history.

From around the 4th century AD the Saxons settled between the Harz Mountains and the North Sea to the south and the north, and between the River Elbe and the Emsland fens to the east and the west, mingling with Cheruscians and Chaucians. They have always been an exceedingly persistent people. A handful of restless ones popped over on the side to conquer England, but the majority stayed behind. As did their language, Old Saxon, which later developed into Low German.

When Charlemagne had the idea of merging the duchy of Saxony under Widukind with the kingdom of the Franks, it took him over 30 years to accomplish the task. This made him keener than ever to impose Christianity by force, a project which, some say, has still not been entirely successful.

The region which in 1946 became the federal state of Lower Saxony largely corresponds to that of the mediaeval duchy of Saxony. This was split up in 1180 when Henry the Lion, who as Duke of Saxony and Bavaria had not only founded Munich but also conquered Mecklenburg and Western Pomerania, was ousted by his cousin, Frederick Barbarossa. Subsequently the disintegration of Saxony into nearly 40 dynasties, bishoprics and free towns continued into the 19th century, though the name Saxony migrated by purely dynastic paths south-eastwards along the River Elbe. The original homeland of the Saxons, fragmented, became known as Lower Saxony, a term first mentioned in 1354.

From early times the region where present-day Lower Saxony lies had ideas of its own where politics was concerned. Ideas about freedom and democratic forms of society have a long tradition here. The Saxons knew no monarchical elite, and their assembly of deputies, or "Allthing," which is documented as having met at Marklohe in 770 AD, is regarded as the first parliament on German soil.

The free peasant states of Friesland, Stedingen and Dithmarschen developed a principle of "ancient popular freedom" designed to be a self-governing local alternative to the authoritarian state. Their bitter struggle against nobility and Church lasted for hundreds of years, right up to the "letzte Fehde" or "last feud" in 1559.

Courage was demonstrated too by the "Göttingen Seven," a group of professors who in 1837 opposed the despotic behaviour of King Ernst August and insisted that he adhere to the constitution.

After the Second World War two million refugees found a new home in the region, so that to some degree a new type of human being has emerged here. Though that is another story, it is directly linked with the history of the federal state of Lower Saxony. After the Allied victory over Nazi Germany, the occupying powers broke up Prussia. The Regional Council of Lower Saxony came into being, combining the former Prussian province of Hanover with the states of Oldenburg, Brunswick, Schaumburg-Lippe and Bremen. Hanover's President Hinrich Wilhelm Kopf played a decisive role in the foundation on 1st November 1946, by Decree No. 55, of the state of Lower Saxony (excluding the city state of Bremen). And so, after nearly 800 years of division, once more a region was created which more or less corresponded to the Duchy of Saxony once ruled over by Henry the Lion.

Chaque Land de la République fédérale d'Allemagne a, certes, ses particularités, mais la Basse-Saxe est la seule à pouvoir se flatter de posséder à la fois des montagnes d'altitude moyenne atteignant plus de 900 mètres et un littoral d'une centaine de kilomètres de long. En hiver, le Harz séduira le visiteur par ses pistes de ski alpin et de ski de fond, tandis que les plages et les dunes livrées aux assauts de la bourrasque l'invitent à de longues promenades dans l'air marin. Et, lorsque l'été est à son zénith, c'est à la bruyère de déployer son tapis et de teinter de violet les mamelons de la lande de Lüneburg, dont le charme austère ne faisait encore l'objet d'aucune attention particulière au début du XIXe siècle.

L'immense étendue du ciel et la profondeur de l'horizon, l'étroite frange que forment les pays de la Marche s'étendant le long du littoral, les lacs des tourbières contribuent à la diversité du paysage de la Basse-Saxe au même titre que les monts arrondis bordant la vallée de la Weser qui, lorsqu'ils scintillent sous les rayons du soleil printanier, semblent vous transporter en Toscane.

Si l'on veut comprendre les habitants de cette contrée, tout en évitant de tomber dans le piège des clichés circulant à propos des Saxons de cette région basse de l'Allemagne, qui veulent qu'ils soient lourds d'esprit, rustres et taciturnes, il convient de remonter loin dans le passé.

Les Saxons qui, à partir du IVe siècle environ, vinrent s'installer entre les montagnes du Harz et la mer du Nord, entre l'Elbe et les tourbières du Pays d'Ems, se mêlant aux Chérusques et à la tribu germanique des «Chauques», ont toujours été un peuple doué d'opiniâtreté. Une poignée d'indomptables alla conquérir accessoirement l'Angleterre, mais la majorité demeura dans ce pays. Dont l'idiome, le vieux saxon, donna naissance, par la suite au bas-allemand.

Charlemagne mit plus de trente ans à soumettre le duché de Saxe, à la tête duquel se trouvait Widukind, et à l'annexer au Royaume des Francs. Aussi est-ce avec une violence décuplée qu'il tenta de christianiser le pays, entreprise qui semble ne pas avoir abouti dans toutes les régions, si l'on en croit les mauvaises langues.

Le territoire qui, en 1946, devint l'Etat fédéral de Basse-Saxe, correspond en grande partie à la configuration du duché de Saxe tel qu'il se présentait au Moyen Age, duché qui fut démantelé en 1180, lorsque Henri le Lion — qui fonda non seulement Munich mais conquit également le Mecklembourg et la Poméranie occidentale sous le nom de duc de Saxe et de Bavière — fut destitué par son cousin Frédéric Barberousse.

Au cours des siècles qui suivirent — et cela jusqu'au début du dix-neuvième —, la Saxe se scinda en 40 principautés, évêchés et villes libres et le nom de «Saxe» remonta l'Elbe en direction du sud-est, empruntant une voie purement dynastique. Le pays d'origine, qui avait éclaté en morceaux, prit définitivement le nom de Basse-Saxe, nom dont il avait été fait mention pour la première fois en 1354.

Depuis les temps les plus reculés, la région que recouvre aujourd'hui la Basse-Saxe, s'est également distinguée par l'opiniâtreté avec laquelle y fut pratiquée la politique. Le concept de liberté, et les formes de société démocratiques font partie d'une tradition fermement enracinée dans les mœurs de cette région. L'élite monarchique était inconnue des Saxons et leur assemblée de plénipotentiaires — l'«Allthing», qui se tint à Marklohe et est mentionné pour la première fois dans les annales en 770 — est considéré comme le premier parlement ayant existé sur le sol allemand.

Les Confédérations libres que formèrent les paysans de la Frise, de Stedingen et de Dithmarschen établirent le principe de la «liberté traditionnelle du peuple». Elles représentaient une forme d'administration communale autonome destinée à servir d'alternative au pouvoir autoritaire. Elles poursuivirent leur lutte acharnée contre la noblesse et le clergé à travers plusieurs siècles jusqu'à ce qu'eût lieu la «dernière diffidation», en 1559.

«Les Sept de Göttingen», professeurs qui, en 1837, s'opposèrent au despotisme de leur roi Ernst August, réclamant le respect de la constitution, firent également preuve de courage civique.

Deux millions de réfugiés s'y forgèrent une nouvelle patrie après la deuxième guerre mondiale, de sorte qu'un nouveau type d'homme y a vu, peu à peu, le jour.

C'est là, bien sûr, une tout autre histoire, mais elle est en rapport direct avec celle du Land de Basse-Saxe. Après leur victoire sur l'Allemagne nazie, les puissances d'occupation résolurent de dissoudre la Prusse. Un Conseil de région de la Basse-Saxe fut constitué, au sein duquel étaient réunis la province de Hanovre jusque-là prussienne ainsi que les Etats d'Oldenburg, de Brunswick, de Schaumburg-Lippe et de Brême. Le représentant du gouvernement de Hanovre, Hinrich Wilhelm Kopf, contribua, dans une large mesure, à l'instauration de l'Etat de Basse-Saxe (dont ne faisait pas partie, alors, la ville-Etat de Brême), Etat qui vit le jour le 1er novembre 1946, en vertu de l'ordonnance No 55. Ainsi avait pris forme, après huit cents ans de séparation, une région, qui correspondait à peu près au duché de Saxe sur lequel avait régné Henri le Lion.

Die Weser mäandert durch die schloßbekränzten Hügel des Weserberglandes, vorbei an den Buntsteinklippen von Solling, Ith und Süntel, um schließlich die Porta Westfalica zu passieren und in die norddeutsche Tiefebene zu fließen.

Der vielgereiste Alexander von Humboldt nannte den Ort, an dem sich Werra und Fulda zur Weser vereinigen, eine der „sieben schönstgelegenen Städte der Welt". Und wenigstens das kann man unbesehen unterschreiben. Denn eigentlich sind Werra und Weser derselbe Fluß, der Kuß eine poetische Mär. Wer sich in Münden der Oberweserdampfschiffahrtsgesellschaft anvertraut und flußabwärts schippert, versteht, was Reisende wie den Jakobiner und Romancier Adolf Freiherr von Knigge schon vor 200 Jahren entzückte: „der wonnevolle Anblick der Naturschönheiten, die verschiedenen Schattierungen von Grün, die immer abwechselnden Formen der Gebürge". Hoch über dem Fluß thronen die Schlösser Bevern, Hehlen und Fürstenberg — neben Meißen die älteste Porzellanmanufaktur Deutschlands. Allesamt Zeugnisse der sogenannten Weserrenaissance, die hier im 16. Jahrhundert, beeinflußt von niederländischen Vorbildern, Prunkbauten und Bürgerhäuser prägte. Die schönsten Beispiele dieser Stilepoche finden sich in Bückeburg, Residenz der Fürsten zu Schaumburg-Lippe, im Emmerthal links der Weser — dort dräut die Hämelschenburg noch so mächtig, wie sie die Familie von Klencke 1588 bauen ließ — und natürlich in der Rattenfängerstadt Hameln.

Hinter den bewaldeten Hügeln des Solling, eines der beliebtesten Wandergebiete Niedersachsens, schlängelt sich die Weser ein Stück weit durch Nordrhein-Westfalen. Auf der Höhe von Höxter sieht man links die beeindruckende Silhouette von Kloster Corvey liegen, im frühen Mittelalter — wie die Zisterzienser-Abtei Loccum 100 Kilometer flußabwärts — ein kulturelles Zentrum Nordwestdeutschlands. Kloster Loccum beherbergt heute eine Akademie, in der bedeutende Köpfe über Gott und die Welt streiten. Niedersächsisches Pendant auf gesellschaftlichem Parkett ist das Heilbad Bad Pyrmont, nordwestlich von Corvey. Schon Karl der Große tauchte in den „Hylligen Born", um Gicht und Rheuma zu bekämpfen. Der allgegenwärtige Goethe wandelte hier mit den Kollegen Friedrich Schiller und Johann Gottfried Herder unter Europas nördlichster Palmenfreianlage.

Der Geheimrat hätte in Göttingen bleiben sollen, von wo er damals zu Fuß und noch bester Laune nach Bad Pyrmont marschiert ist. Aber vielleicht war er mit Heinrich Heine der Meinung, die Stadt an der Leine gefalle „einem am besten, wenn man ihr den Rücken kehrt". Aber das ist unwahrscheinlich. Der berühmte Allround-Gelehrte Georg Christoph Lichtenberg hat es zur gleichen Zeit in der schönen alten Studentenstadt ein Leben lang ausgehalten.

Wäre Goethe damals, anstatt sich in Bad Pyrmont zu ärgern, dem Lauf der Leine Richtung Norden gefolgt, hätte eine der ältesten Kulturlandschaften Niedersachsens sein Auge erfreut. Im Gandersheimer Kanonissenstift schrieb vor über 1.000 Jahren die erste deutsche Dichterin Roswitha von Gandersheim Dramen, Heiligenlegenden und mystische Lyrik. Noch 100 Jahre älter ist das romanische Münster, heute alljährlich Kulisse für Domfestspiele und die Verleihung eines begehrten Literaturpreises.

Auch Einbeck verdankt seinen Ruf nicht zuletzt dem gut erhaltenen mittelalterlichen Stadtbild. Das Rathaus, 1550 auf gotischem Fundament errichtet, gilt als das schönste des Landes. Berühmt ist die Stadt aber vor allem wegen ihres süffigen Bieres.

30 Kilometer weiter, hinter den sieben Alfelder Bergen, fanden die Göttinger Sagenforscher Grimm ihr Schneewittchen samt den sieben Zwergen. Auch um den Dom-Rosenstock im benachbarten Bischofssitz Hildesheim ranken sich zahlreiche Legenden. Zum Beispiel die, daß er tausend Jahre alt ist. Mit Sicherheit gehören aber der Dom selbst mit seinen Bronzekunstwerken aus dem 11. Jahrhundert und die Pfarrkirche St. Michael zu den Höhepunkten ottonischer Baukunst und stehen unter dem Schutz der UNESCO. Den könnten die Hildesheimer auch für ihren Marktplatz beanspruchen. Seit ein paar Jahren steht dort vor dem Rolandsbrunnen wieder einer der bekanntesten Fachwerkbauten der Welt in voller Pracht: das Knochenhaueramtshaus. Neben der ägyptologischen Sammlung des Roemer- und Pelizaeus-Museums die größte Attraktion der Stadt.

Hildesheim liegt am Flüßchen Innerste und schon schließt sich der Kreis unseres Kapitels. Denn die Innerste fließt in die Leine, die Leine in die Aller und die Aller bei Verden in die Weser. In der ruhmreichen Reiterstadt wiederum stiftete der Pirat Klaus Störtebeker um 1400 sieben Fenster für den Dom, um die sieben Todsünden zu sühnen, die bei Ausübung seines Berufes naturgemäß immer wieder anfielen. Dann segelte er die Weser hinab in die Nordsee, um seelisch gestärkt sein Treiben fortzusetzen.

The River Weser meanders through the castlecrowned hills of the Weserbergland and past the variegated sandstone cliffs of Solling, Ith and Süntel, finally passing through the Porta Westfalica to flow into the north German plain. The much-travelled Alexander von Humboldt called the place where the rivers Werra and Fulda combine to form the Weser one of the "seven most beautifully situated towns in the world." That at least one can endorse without reservation. For the Werra and the Weser are really one and the same river, and the kiss is a poetic fiction. Anyone placing himself in the hands of the Upper Weser Steamship Company in Hannoversch Münden and travelling down river by boat can understand what it was that enchanted the Jacobin novelist Baron Adolf von Knigge as long as 200 years ago: "the wonderful natural scenery, the varying shades of green, the ever-changing shapes of the hills." High above the river tower the castles of Bevern, Hehlen and Fürstenberg, which shares with Meissen the distinction of having the oldest porcelain factory in Germany. All testify to the so-called Weser Renaissance which in the 16th century, influenced by Dutch models, characterised both buildings of state and grand family houses. The best examples of this stylistic epoch are in Bückeburg, seat of the Princes of Schaumburg-Lippe, situated to the left of the Weser in the Emmer Valley—where the Hämelschenburg is as mighty and menacing as it was when the von Klencke family had the castle built in 1588—and of course in the Pied Piper town of Hamelin.

Behind the wooded hills of the Solling, one of Lower Saxony's most popular walking areas, the Weser wends its way for a while through North Rhine-Westphalia. From the Höxter heights to the left you can see the imposing silhouette of the monastery of Corvey. In early mediaeval times it was a cultural centre of north west Germany, like the Cistercian Abbey of Loccum about 60 miles downstream. Loccum now houses an academy where important people meet to argue about everything under the sun.

Lower Saxony's social counterpart to Loccum is the spa town of Bad Pyrmont north-west of Corvey. Charlemagne himself bathed in the "Hylligen Born" or "Holy Spring" to combat his gout and rheumatism. Here the omnipresent Goethe walked beneath Europe's northernmost open-air palm trees with his colleagues Friedrich Schiller and Johann Gottfried Herder. Goethe might have done better to have stayed in Göttingen, from where he had travelled to Bad Pyrmont on foot, still in the best of moods. Maybe he shared Heinrich Heine's opinion of the town on the River

Leine: "you like it best when you turn your back on it." However, that is unlikely. During the same period the all-round scholar Georg Christoph Lichtenberg endured a lifetime in the lovely old university town. Not least on account of the sausages and the beer in the town hall hostelry, for which even the scoffing Heine found some words of praise.

Had Goethe at that time, instead of getting upset about Bad Pyrmont, followed the course of the River Leine northwards, he would have been delighted to find himself amongst some of Lower Saxony's most ancient civilisation. In the convent of Gandersheim, over 1,000 years ago the first German poetess Roswitha von Gandersheim wrote plays, legends of the saints and mystical lyric poetry. The Romanesque cathedral, dating back a further 100 years, is nowadays the scene of an annual cathedral festival and the award of a sought-after literary prize.

Einbeck likewise owes its reputation at least in part to its well-preserved mediaeval town-scape. The Rathaus, built in 1550 on Gothic foundations, is considered the loveliest in the state. But the town is famed above all for its delicious beer.

Thirty kilometres further on, behind the seven hills of Alfeld, is where the Brothers Grimm from Göttingen, in their quest for lore and legend, came across the story of Snow White and the Seven Dwarfs. Numerous legends also surround the cathedral rose-tree in the neighbouring episcopal see of Hildesheim. For one, the story that it is 1,000 years old. What is fact, however, is that the cathedral itself with its 11th century bronzes and the parish church of St Michael are amongst the very finest examples of architecture of the Ottonian period, and are UNESCO-designated cultural heritage monuments. The people of Hildesheim might well lay claim to the same distinction for their market-place. For the past few years one of the world's best-known half-timbered buildings, the Knochenhaueramtshaus, has stood there, in front of the Roland Fountain, restored to its full splendour. Alongside the Egyptological collection in the Roemer- und Pelizaeus-Museum, it is the town's greatest attraction.

Hildesheim is situated on the little River Innerste, and with it our chapter has turned full circle. For the Innerste flows into the Leine, the Leine into the Aller, and the Aller flows into the Weser at Verden. In the famous equestrian centre, in turn, in around 1400 the pirate Klaus Störtebeker endowed the cathedral with seven windows, in order to expiate the seven deadly sins which, naturally enough, he committed repeatedly in carrying out his profession. Thus spiritually fortified, he sailed down the Weser to the North Sea to continue his activities.

La Weser serpente à travers les collines couronnées de châteaux du Weserberg-land, longeant les falaises de grès bigarré du Solling, de l'Ith et du Süntel pour franchir finalement la Porta Westfalica et s'épandre dans la plaine basse du Nord de l'Allemagne. Alexander von Humboldt, qui avait parcouru le monde, disait de l'endroit où Werra et Fulda confluent qu'il était «l'un des sept plus beaux sites urbains existant au monde». Personne n'ira le contredire sur ce point. En réalité, la Werra et la Weser sont un seul et même fleuve, le «baiser», une fable sortie de l'imagination du poète.

Quiconque fera appel aux services de la Compagnie de Navigation à Vapeur de la Weser à Münden et descendra le fleuve en bateau comprendra ce qui fit le ravissement du Jacobin et romancier, Adolf Freiherr von Knigge, il y a 200 ans de cela: «La vue enchanteresse des beautés de la nature, les dégradés de verts, les formes sans cesse changeantes des collines.» Dominant le fleuve, trônent les châteaux de Bevern, Hehlen et Fürstenberg − en dehors de Meißen la plus ancienne manufacture de porcelaine d'Allemagne −, châteaux qui sont autant de témoins de ce qui est appelé «Renaissance de la Weser», ce style qui, venu des Pays-Bas, a marqué de son empreinte, au XVIe siècle, les bâtiments d'apparat et les maisons bourgeoises de la région. On en trouvera les plus beaux exemples à Bückeburg, résidence des princes de Schaumburg-Lippe, à Emmerthal, sur la rive gauche de la Weser − le château d'Hämelschenburg s'y dresse, aussi menaçant et puissant qu'en 1588, année où la famille von Klencke le fit ériger − ainsi qu'à Hameln, la ville du preneur de rats et joueur de flûte.

De l'autre côté des collines boisées du Solling, l'une des zones de randonnées les plus prisées de la Basse-Saxe, la Weser poursuit son cours en sinuant un bout de chemin à travers la Rhénanie-du-Nord-Westphalie. A la hauteur de Höxter, on remarquera, à gauche, la silhouette impressionnante de l'abbaye de Corvey qui, au début du Moyen Age, fut l'un des centres culturels de cette partie du nord-ouest de l'Allemagne, tout comme le fut celle des moines cisterciens de Loccum, située à 100 kilomètres en aval du fleuve. Cette dernière abrite, aujourd'hui, une académie où d'éminentes personnalités viennent débattre des problèmes de ce monde.

La ville d'eaux de Bad Pyrmont, au nord-ouest de Corvey, en constitue le pendant mondain. Charlemagne avait déjà plongé dans ses «sources sacrées» afin de combattre la goutte et les rhumatismes dont il était atteint. Goethe, être omniprésent, y flâna, en compagnie de ses confrères Friedrich Schiller et Johann Gottfried Herder, sous les palmiers poussant en plein air de ses jardins.

Le Conseiller secret aurait mieux fait de rester à Göttingen, d'où il était venu. Il s'était rendu à Bad Pyrmont à pied et y était arrivé, plein

de bonne humeur. Peut-être partageait-il l'opinion de Heinrich Heine, pour qui la ville sur la Leine «était d'autant plus agréable qu'on lui tournait le dos». Mais cela est peu vraisemblable. En effet, le fameux savant et génie universel, Georg Christoph Lichtenberg, passa, à la même époque, toute sa vie dans cette belle et vieille ville universitaire.

Si Goethe avait poursuivi sa marche en direction du Nord et longé la Leine, au lieu de se morfondre à Bad Pyrmont, il aurait pu admirer l'une des plus anciennes aires de civilisation de la Basse-Saxe. Il y a plus de 1.000 ans, la première poétesse allemande, Roswitha von Gandersheim, écrivit ses drames, légendes de saintes et poèmes mystiques au Couvent des Chanoinesses de la petite ville du même nom. La cathédrale romane, érigée cent ans plus tôt, sert aujourd'hui de cadre aux festivals et aux cérémonies d'attribution d'un prix littéraire fort convoité.

La ville d'Einbeck doit, elle aussi, sa renommée à sa physiognomie médiévale fort bien préservée. L'hôtel de ville, érigé en 1550 sur des fondations gothiques passe pour être le plus beau de la région. Mais la ville est avant tout célèbre pour son excellente bière.

C'est à trente kilomètres de là, de l'autre côté des sept collines d'Alfeld, que les frères Grimm, fabulistes et chercheurs originaires de Göttingen, découvrirent leur Belle au Bois-Dormant, entourée des sept nains. De nombreuses légendes sont également venues se greffer sur le rosier qui s'épanouit au pied de la cathédrale de l'évêché d'Hildesheim, dont celle qui veut qu'il ait plus de mille ans. La cathédrale et les chefs d'œuvre de bronze du XIe siècle qu'elle abrite, de même que l'église paroissiale Saint-Michel, sont des fleurons de l'art ottonien placés désormais sous la protection de l'UNESCO. Les habitants d'Hildesheim ont su également en appeler à cette institution pour reconstituer leur Place du Marché. Face à la Fontaine de Roland, on peut de nouveau admirer, depuis quelques années, l'une des maisons à colombages les plus connues du monde, qui s'y dresse dans toute sa splendeur: la «Knochenhaueramtshaus». A côté de la Collection d'antiquités égyptiennes qu'héberge le Musée Roemer- und Pelizaeus, elle constitue l'attraction principale de la ville. Hildesheim est située en bordure de la petite rivière Innerste. Et voilà qui nous fait retourner à notre point de départ: en effet, l'Innerste se jette dans la Leine, la Leine dans l'Aller et l'Aller dans la Weser, près de Verden. C'est pour la cathédrale de cette ville au passé glorieux que le pirate Klaus Störtebeker fit, en 1400, cadeau de sept fenêtres, dans l'intention d'expier ses sept péchés capitaux qui étaient à l'ordre du jour, à l'époque, dans l'exercice de son métier. Moralement réconforté, il fit voile vers la mer du Nord, empruntant la Weser, afin d'aller vaquer à ses occupations habituelles.

Heute ist die Weserschleife nahe dem mittelalterlich geprägten Residenzstädtchen Rinteln ein Paradies für Wassersportler. Früher saßen die Schaumburger Landgrafen an der Biegung des Flusses und erhoben dort Wegezoll. Wer den 320 Meter hohen Klippenturm hinter Rinteln besteigt, hat bei gutem Wetter Fernsicht über die ganze niedersächsische Tiefebene bis zum Teutoburger Wald.

Nowadays the horseshoe bend in the River Weser near the little town of Rinteln, a former princely seat with a mediaeval air, is a paradise for water sports enthusiasts. In former times the Landgraves of Schaumburg took up position at the bend in the river to levy tolls. In good weather people who climb the 320-metre (1,050ft) Klippenturm, or Rock Tower, behind Rinteln are rewarded with a panoramic view of the Lower Saxon plain as far as the Teutoburg Forest.

La boucle que décrit la Weser près de Rinteln, petite ville au cachet médiéval et ancienne résidence, est aujourd'hui le paradis des amateurs de sports nautiques. Les comtes de Schaumburg, installés à l'endroit où le fleuve forme un coude, y percevaient un péage. La Klippenturm, une tour qui se dresse à la sortie de Rinteln, permet à celui qui ne craindra pas d'escalader ses 320 mètres de hauteur, de jouir, par temps clair, d'une vue panoramique sur l'ensemble de la plaine de Basse-Saxe jusqu'à la Forêt de Teutobourg.

Die Mär vom Rattenfänger, der Kinder wie Nager mit seinem Flötenspiel aus der Stadt lockte, kennt man in der ganzen Welt. Doch Hameln verdankt seinen Ruf nicht nur einer Sagengestalt. Die Altstadt gilt als Museum der Weserrenaissance. Liebevoll restauriertes Fachwerk aus dem 16. Jahrhundert kündet von den Glanzzeiten der Handelsmetropole. Sie endete erst im Jahre 1808, als Napoleon die mächtige Festungsanlage, die Hameln den Ruf eines „Gibraltar des Nordens" eintrug, schleifen ließ.

The tale of the Pied Piper, the ratcatcher whose fluteplaying lured the children to follow him out of the town like rodents, is known throughout the world. But Hamelin's claim to fame is based on more than this legendary figure. The Altstadt has been dubbed the museum of the Weser Renaissance. Lovingly restored 16th-century half-timbered buildings are witness to Hamelin's heyday as a trading centre. This period came to an end only in 1808 when Napoleon ordered the mighty fortress, to which the town owed its reputation as the "Gibraltar of the North," to be razed to the ground.

La légende du preneur de rats qui, après avoir enjôlé enfants et rongeurs de la ville au son de sa flûte, les entraîna hors de ses murs pour les faire disparaître, est célèbre dans le monde entier. Toutefois, Hameln ne doit pas seulement sa renommée à ce légendaire personnage. Sa vieille ville passe pour être un musée de la «Renaissance de la Weser». Les maisons à colombages amoureusement restaurées, datant du XVIe siècle, témoignent de l'ancienne splendeur de cette ville marchande. Celle-ci ne commença à décliner qu'en 1808, lorsque Napoléon fit raser les puissantes fortifications, auxquelles Hameln devait sa réputation de «Gibraltar du Nord».

In einem Weser-Seitental, nahe Bad Pyrmont, steht die Hämelschenburg. Kennern gilt die stattliche dreiflügelige Anlage als das vollkommenste Zeugnis der Weserrenaissance. Was der Gastronomie des gleichnamigen Dörfchens manch schönes Zubrot und den Burgherren, der Familie von Klencke, hohes Ansehen verschafft. Ihre Vorfahren haben das imposante Bauwerk seit 1588 errichtet.

The Hämelschenburg stands guard in a side valley of the Weser near Bad Pyrmont. Experts consider this magnificent triple-winged construction to be the most perfect testimony to the Weser Renaissance. It attracts welcome trade to the gastronomical establishments in the village of the same name, and lends prestige to the castle owners, the von Klencke family, whose ancestors erected the impressive building in 1588.

Dans une vallée transversale de la Weser, aux environs de Bad Pyrmont, se dresse la forteresse Hämelschenburg. Les connaisseurs voient dans ce vaste ensemble de bâtiments disposés sur trois ailes, le plus parfait témoignage de la «Renaissance de la Weser». Ceci vaut d'ailleurs aux restaurateurs de la bourgade du même nom d'appréciables appoints et contribue au prestige de la famille von Klencke, dont les ancêtres firent ériger cet imposant édifice dès 1588.

Neben tausendjährigem Rosenstock, romanischem Dom und der ottonischen Pfarrkirche St. Michael besitzt Hildesheim seit Ende der 80er Jahre ein neues „altes" Wahrzeichen: das restaurierte Knochenhaueramtshaus. Es steht, wie der Rolandsbrunnen, auf dem — wie die Hildesheimer mit Fug und Recht behaupten — schönsten mittelalterlichen Marktplatz der Welt.

In addition to its 1,000-year-old rose-tree, its Romanesque cathedral and the Ottonian parish church of St Michael, since the end of the 1980s Hildesheim has possessed a new "old" city emblem in the shape of the restored, half-timbered Knochenhaueramtshaus building. Like the Rolandsbrunnen fountain, it stands on what the people of Hildesheim are completely justified in claiming to be the world's loveliest mediaeval marketplace.

En dehors du rosier millénaire, de la cathédrale romane et de l'église paroissiale St-Michel, Hildesheim s'enorgueillit d'un nouvel et vieil emblème: la Knochenhaueramtshaus dont la restauration est achevée. Elle se dresse, tout comme la Fontaine de Roland, sur la plus belle place de marché de style médiéval existant au monde. C'est du moins ce que le prétendent — à juste titre d'ailleurs — les habitants d'Hildesheim.

Wo im Spätmittelalter lediglich die Wasserburg einer Nebenlinie dräute, errichteten die Fürsten zu Schaumburg-Lippe im 17. Jahrhundert die blühende Residenzstadt Bückeburg mit trutzigen Befestigungsanlagen, prächtigen Bürgerhäusern und einem Schloß, das sie in der verschwenderischen Fülle des Frühbarock ausstatteten. Im 18. Jahrhundert wirkten hier Christoph Friedemann Bach und auch Johann Gottfried Herder, bevor ihn Goethe nach Weimar rief.

On the spot where in the late Middle Ages only the moated castle of a minor branch of the family had loomed amidst the surrounding countryside, in the 17th century the Princes of Schaumburg-Lippe erected the flourishing capital Bückeburg with staunch fortifications, splendid town houses and a palace fitted out with the lush extravagance of the early Baroque. In the 18th century Christoph Friedemann Bach worked here, as did Johann Gottfried Herder until Goethe called him to Weimar.

Là où, à la fin du Moyen Age, un château fort entouré de douves, ayant appartenu à une branche cadette de la lignée des Schaumburg-Lippe, dressait sa silhouette menaçante, les princes du même nom firent ériger la superbe résidence Bückeburg, dotée de puissantes fortifications, de fastueuses maisons bourgeoises ainsi que d'un château qu'ils aménagèrent dans le goût opulent du début de l'époque baroque. Christoph Friedemann Bach y exerça son art au XVIIIe siècle, de même que Johann Gottfried Herder avant que Goethe ne l'appelât à Weimar.

„Das Gänseliesel" ist kalt wie Erz und gilt dennoch als das meistgeküßte Mädchen der Welt, denn nach altem Brauch muß jeder Student nach bestandenem Doktorexamen der Jungfer die Lippen aufdrücken. Seit dem Jahre 1900 schmückt sie den Marktbrunnen der alten Universitätsstadt Göttingen.

"Gänseliesel," the Goose Girl, may be as cold as stone, but nonetheless she is the most-kissed girl in the world. In keeping with an old custom, on passing their doctorate examinations all students have to give her a kiss. She has adorned the market-place fountain of the ancient university town of Göttingen since 1900.

La gardeuse d'oies, «Gänseliesel», est aussi froide que l'airain, bien qu'elle soit la jeune fille la plus embrassée du monde entier. La coutume veut en effet qu'elle reçoive un baiser de tout étudiant ayant passé son doctorat. Elle orne la fontaine de la place face à l'université de Göttingen depuis 1900.

Im Jahr 2000 wird Hannover voraussichtlich die Weltausstellung ausrichten und spätestens dann dürfte die Provinz-Metropole, wie Neider die grüne Leinestadt gerne etwas abfällig titulieren, ins Bewußtsein der Weltöffentlichkeit rücken. Und zwar als eines der wenigen Gemeinwesen, in dem sich Urbanität und die Neigung zu hedonistischer Behäbigkeit nicht ausschließen.

Keinen Spaß versteht der Hannoveraner, wenn die Rede auf das Schützenfest kommt. Das ist ihm Herzenssache und auf seine Art ein Top-Ereignis. Denn ein größeres gibt es rund um den Erdball nicht, behauptet der Leinestädter. Jedenfalls keines, wo der Alkohol dem Organismus auf so komplizierte Art zugeführt wird. Die Spezialität heißt „Lüttje Lage", und die Kunst besteht vereinfacht gesagt darin, sich Korn und Altbier in getrennten Gläsern gleichzeitig und mit einer (!) Hand zu Gemüte zu führen.

Der berühmte Herrenhausener Garten verdankt seine Entstehung bezeichnenderweise einer verwaltungsinternen Sparmaßnahme, respektive der Theaterleidenschaft des Kurfürsten Ernst August. Da der Bonvivant seinen Hofstaat mangels einer hannoverschen Bühne mehrmals im Jahr nach Venedig in die Oper zu verfrachten pflegte, was auf die Dauer ein großes Leck in die Staatskasse schlug, beschlossen seine Beamten, ihm eine eigene Spielstätte zu bewilligen − das Gartentheater in Herrenhausen. Augusts kunstsinnige Gattin Sophie und der ihr inniglich verbundene Hofhistoriograph und Universalgelehrte Gottfried Wilhelm Leibniz machten daraus zwischen 1682 und 1714 den bedeutendsten Barockgarten der Welt. Die Anlage mit der Orangerie, der Wasserkunst, Europas höchster Gartenfontäne (67 m), antikisierenden Statuetten und lauschigen Laubengängen ist sozusagen das Vermächtnis dieser im platonischen Sinne fruchtbaren Freundschaft.

Nach den napoleonischen Kriegen bekam Hannover einen neuen Schub. Der königliche Hofbaudirektor Georg Ludwig Friedrich Laves entwarf im klassizistischen Stil breite Straßenzüge und einen völlig neuen Stadtkern rund um den Aegidientorplatz und prägte das Gesicht der Stadt bis heute. Unter seiner Leitung entstanden die Waterloosäule, das Opernhaus, die Börse im Tudor-Stil, Orangerie und Gartenbibliothek in Herrenhausen und das Wangenheimsche Palais. Laves profitierte davon, daß die Personalunion mit England 1837 endete und Ernst August II. nun über das Steueraufkommen eines selbständigen Königreichs Hannover verfügte.

1866 war die Herrlichkeit allerdings schon wieder vorbei und Hannover preußische Provinz. König Ernst August bekam hoch zu Roß und in Bronze einen Platz vor dem Hauptbahnhof zugewiesen, seit Generationen der beliebteste Treff in der Stadt.

Einzige Konkurrenz ist die Kröpke-Uhr in der Stadtmitte vor dem legendären Café Kröpke. Wo heute die Firma Mövenpick residiert, formierte sich in den zwanziger Jahren eine junge Avantgarde um Kurt Schwitters und El Lissitzky. Sie machte Hannover für kurze Zeit zur Kunstmetropole. Theater und Kabaretts blühten, für die dadaistischen Pamphlete des Verlegers Paul Steegemann interessierte sich der Staatsanwalt, und in der Galerie des Mäzens Gravens hingen die Bürgerschreck-Exponate der Expressionisten.

Unter den Bombenteppichen des Zweiten Weltkriegs sank Hannover in Schutt und Asche. In der mittelalterlichen Altstadt blieben allein das alte Rathaus aus dem Jahr 1455 und die gotischen Gotteshäuser Markt- und Kreuzkirche erhalten. Das wunderschöne Leibnizhaus hat man vor kurzem restauriert. Nach dem Krieg nutzte man die Chance zum großzügigen Wiederaufbau. Rund um die Eilenriede, ein Waldgebiet, das sich quer durch die Stadt zieht, entstand eine lebenswerte Großstadt mit vorbildlichen Verkehrswegen und regem kulturellem Leben. Wer mit dem Fahrstuhl in die Kuppel des „neuen", wilhelminischen Rathauses fährt, hat einen herrlichen Blick auf den Neubau des Sprengel-Museums am Maschsee, weltweit eine der bedeutendsten Sammlungen moderner Kunst. Nördlich steht das von den Architekten Emil Lorenz und Fritz Höger entworfene Verlagshaus „Hannoverscher Anzeiger", seit 1928 Wahrzeichen der Stadt. Hier gründete Henri Nannen den „Stern" und Rudolf Augstein seinen „Spiegel".

Überregionalen Ruf erwarb sich in den letzten Jahren vor allem das Wilhelm-Busch-Museum als deutsches Mekka der Karikatur. Beschattet von uralten Eichen liegt es im Welfengarten malerisch vor der Universität.

Hannover kann sich also sehen lassen. Zumal es ein selten attraktives Umland besitzt. Der Großraum Hannover lockt Ausflügler in die bewaldeten Höhen des Deisters und ans Steinhuder Meer, den größten norddeutschen Binnensee.

Hanover has been chosen to host Expo 2000. By then if not before, the provincial metropolis, as ill-wishers somewhat disparagingly call the green city on the Leine, should be known all over the world. And, moreover, as one of the few cities in which urbanity and a liking for a hedonistic life of ease go hand in hand.

There's no joking with a Hanoverian when it comes to the traditional Schützenfest fair. That's a thing dear to his heart, and, in its way, also a top-class event. The natives claim that there isn't a bigger one anywhere on earth. Certainly none where alcohol is introduced into the organism in such a complicated way. The speciality is known as "Lüttje Lage". Put simply, the knack is to hold a glass of schnaps and a glass of beer in one hand and to pour them both simultaneously down the hatch.

The famous Herrenhausen Gardens owe their existence to an administrative economy in respect of the theatrical passion of Elector Ernst August. Since, in the absence of a theatre in Hanover, the bon viveur used to ship his royal household several times a year to the opera in Venice, and this in time made a large hole in the state coffers, his officials decided to grant him his own theatrical venue, the Garden Theatre in Herrenhausen. Between 1682 and 1714 August's art-loving wife Sophie and the court historiographer and polymath Gottfried Wilhelm Leibniz, who was ardently devoted to her, developed it into the finest Baroque garden in the world. The park with its Orangerie, water displays, Europe's tallest garden fountain (220 feet), imitation antique statuettes and secluded, tree-canopied avenues is, so to speak, the legacy of this platonic but fertile friendship.

After the Napoleonic Wars Hanover received a new impetus. Georg Ludwig Friedrich Laves, architect to the royal court, designed broad streets in the classical style and a completely new town centre around the Aegidientorplatz, thus moulding the city's appearance right up to the present day. Under his direction, the Waterloo Column, the Opera House, the mock-Tudor Stock Exchange, the Orangerie and Garden Library in Herrenhausen and the Palace of Wangenheim were built. Laves profited from the end of the dual monarchy of Hanover and England in 1837, which placed the tax revenue of an independent kingdom of Hanover at Ernst August's disposal.

By 1866 the glory days were past and Hanover was a Prussian province. A bronze equestrian figure of King Ernst August was allotted a place in front of the main station. For generations it has been the city's most popular meeting place.

Its only rival is the Kröpke Clock in the town centre in front of the legendary Café Kröpke. Nowadays run by Mövenpick, in the 1920s it was a meeting place for a group of the young avant-garde, centred around Kurt Schwitters and El Lissitzky. For a while they turned Hanover into an important centre of the arts. Theatre and cabaret flourished, the Dadaist publisher Paul Steegemann's pamphlets attracted the public prosecutor's attention, and the outrageous works of the Expressionist painters were shown in the art patron Graven's gallery.

Under the carpet bombing of the Second World War, Hanover fell into a heap of ruins. The only buildings remaining in the mediaeval town centre were the old Rathaus, dating from 1455, and the Gothic Marktkirche and Kreuzkirche churches. The marvellous Leibniz House was also recently restored.

After the war the city took the opportunity to engage in generous reconstruction. Around the Eilenriede, a woodland area stretching across the city, a pleasant city with exemplary transport connections and a lively cultural life grew up. If you take the lift up into the dome of the "new," Wilhelminian Rathaus, you have a splendid view of the new Sprengel Museum building by the Maschsee Lake, housing one of the world's best collections of modern art. To the north stands the "Hannoverscher Anzeiger" newspaper publishing house, designed by architects Emil Lorenz and Fritz Höger, which has been the city's hallmark since 1928. In this building Henri Nannen founded "Stern" magazine and Rudolf Augstein the famous "Spiegel".

The building which has done most in recent years to gain a supraregional reputation for itself is the Wilhelm-Busch-Museum, the German Mecca of caricature. Shaded by oak trees, it stands picturesquely in the Welfengarten in front of the University.

All in all, Hanover is a fine city, the more so since it is surrounded by attractive countryside. Greater Hanover is a magnet for daytrippers to the wooded heights of the Deister and to the Steinhuder Meer, largest of the North German lakes.

Hanovre probablement accueillera l'Exposition universelle en l'an 2000. Cela ne devrait pas manquer d'attirer les regards du monde entier vers cette «métropole provinciale», ainsi que les esprits envieux nomment, avec condescendance, la ville verte des bords de la Leine en même temps qu'elle devrait faire prendre conscience à un vaste public qu'elle est l'une des rares municipalités où style de vie urbain et vue hédoniste du monde ne s'excluent pas.

Les habitants de Hanovre n'entendent pas la plaisanterie lorsqu'il est question de leurs concours de tir. C'est, à leurs yeux, un événement d'importance capitale qui leur tient particulièrement à cœur. Rien de plus ineffable n'existe au monde, c'est du moins ce que prétend l'habitant des bords de la Leine. Il n'est, en tout cas, aucune occasion où l'alcool soit ingurgité avec autant de subtilité. La spécialité de la région porte le nom de «Lüttje Lage» et l'art réside à absorber en même temps, et d'une seule main, de l'eau-de-vie de grain et de la bière versées dans deux verres différents.

Il lui montrera les célèbres Jardins de Herrenhausen. Ces derniers doivent leur aménagement à la passion que nourrissait le prince-électeur Ernst August pour le théâtre. Comme Hanovre ne disposait pas de scène de théâtre, et que les habitudes de ce bon vivant grevaient lourdement le budget de l'Etat — il emmenait plusieurs fois par an toute sa cour à Venise pour y assister à une représentation de l'opéra —, ses administrateurs décidèrent de lui concéder son propre théâtre et d'aménager ce dernier dans l'enceinte des jardins de Herrenhausen. C'est Sophie, son épouse, grand amateur d'art, aidée de Gottfried Wilhelm Leibniz, historiographe de la cour et génie universel, avec qui elle était intimement liée, qui le créa de 1682 à 1714 et en fit le plus important jardin baroque existant au monde. Avec l'Orangerie, ses jeux aquatiques, la plus haute fontaine d'Europe (son jet atteint 67 m), ses statues de divinités antiques, ses charmilles discrètes, le parc est un legs fait à la postérité par des personnages exceptionnels, liés d'une amitié fructueuse au sens platonique du terme. Hanovre prit un nouvel essor après les guerres napoléonniennes. Georg Ludwig Friedrich Laves, maître-architecte à la cour dota la ville de larges avenues tracées dans le style du classicisme ainsi que d'un noyau urbain entièrement neuf autour de la Place Aegidientor, conférant à la ville le visage qu'on lui connaît aujourd'hui. C'est sous son égide que furent érigées la colonne de Waterloo, l'Opéra, la Bourse de style Tudor, l'Orangerie et la Bibliothèque des Jardins de Herrenhausen ainsi que le Palais Wangenheim. Laves bénéficia de l'abolition de l'union personnelle avec l'Angleterre, en 1837, et de ce que Ernst August put disposer alors de l'ensemble des ressources fiscales du royaume autonome de Hanovre. Toutefois, cette période fastueuse prit fin en 1866, lorsque Hanovre redevint province prussienne. Depuis, le roi Ernst August chevauche son cheval de bronze, sur la place située face à la gare centrale, place qui, depuis des générations est le point de rencontre préféré des Hanovriens.

La seule concurrence qu'il ait à craindre est celle de l'horloge Kröpke, au centre-ville, devant le légendaire café du même nom. Là où réside aujourd'hui la firme Mövenpick, une avant-garde se forma autour de Kurt Schwitters et d'El Lissitzky. Pendant une brève période, elle fit de Hanovre une métropole de l'art. Théâtres et cabarets s'y épanouirent; le procureur général s'intéressa aux pamphlets dadaistes de l'éditeur Paul Steegemann tandis que les tableaux des expressionistes, terreurs des bourgeois, étaient exposés à la galerie du mécène Graven.

Hanovre fut réduite en cendres par les bombes qui s'abattirent sur elle pendant la Seconde Guerre mondiale. De la vieille ville médiévale, il ne resta plus que l'ancien hôtel de ville, datant de 1455, et les églises gothiques Marktkirche et Kreuzkirche. La restauration de la splendide maison de Leibniz vient tout juste de s'achever.

Hanovre su saisir l'occasion qui se présenta après la guerre, pour reconstruire la ville en grand style. Autour de l'Eilenriede, une forêt qui s'étend à travers toute la cité, naquit une métropole attrayante, dotée de voies de communication exemplaires et d'une vie culturelle très active. Celui qui prendra l'ascenseur pour accéder à la coupole du «nouvel» hôtel de ville de style wilhelmien, y découvrira une vue magnifique se dégageant sur le nouveau bâtiment du Musée Sprengel, situé en bordure du lac de Maschsee, qui renferme l'une des plus importantes collections d'art moderne existant au monde. Au nord se trouve la maison d'édition du «Hannoverscher Anzeiger», conçue par les architectes Emil Lorenz et Fritz Höger, l'emblème de la ville depuis 1928. Henri Nannen y fonda le magazine «Stern» et Rudolf Augstein le «Spiegel».

Le Musée Wilhelm Busch s'est taillé, lui, une franche réputation de mecque de la caricature, qui va bien au-delà des frontières du Land. Il se tapit, à l'ombre des chênes centenaires, au milieu du pittoresque Welfengarten, face à l'université.

Hanovre n'a donc pas à se cacher. Et cela d'autant moins qu'elle possède des environs particulièrement attrayants. La région environnante de Hanovre séduira les visiteurs par les collines boisées du Deister et le Steinhuder Meer, le plus grand lac du nord de l'Allemagne.

Kurfürstin Sophie von Hannover (1630–1714) brachte nicht nur die englische Thronfolge ins Welfenhaus, sondern machte auch den Herrenhausener Garten zu dem, was er heute ist: eine der schönsten Barockgartenanlagen der Welt. Das Universalgenie Gottfried Wilhelm Leibniz entwarf die Wasserkunst mit der großen Fontäne und gab dem Gelände den mathematisch exakten Grundriß. Im Jahre 1944 durch 2.000 Bomben völlig zerstört, wurden die Gärten in den 50er Jahren von Professor Karl Heinz Meyer in ihrer ganzen Pracht restauriert.

Apart from bringing the succession to the throne of England to the House of Guelf, Electoral Princess Sophie of Hanover (1630–1714) made the Herrenhausen Gardens what they are today: one of the finest Baroque gardens in the world. The polymath Gottfried Wilhelm Leibniz designed the water display with its great fountain and was responsible for the mathematical precision with which the grounds are laid out. Totally destroyed in 1944 by 2,000 bombs, the gardens were restored to their full glory in the 1950s by Professor Karl Heinz Meyer.

La princesse-électrice Sophie de Hanovre (1630–1714) assura non seulement l'entrée de l'héritier du trône d'Angleterre dans la maison des Guelfes, mais fit des Jardins de Herrenhausen ce qu'ils sont aujourd'hui: l'un des plus beaux parcs baroques existant au monde. Gottfried Wilhelm Leibniz, savant au génie universel, fit œuvre de créateur en matière de jeux aquatiques en aménageant la Grande Fontaine et donna à l'ensemble la configuration mathématiquement rigoureuse qu'il présente. Entièrement détruits en 1944 par 2.000 bombes, les Jardins furent reconstitués dans toute leur splendeur antérieure par le professeur Karl Heinz Meyer.

Um diesem wilhelminischen Prunkbau ein solides Fundament zu geben, rammten die Hannoveraner im Jahre 1901 6.000 Buchenpfähle in den sumpfigen Grund der Leine-Marsch. Seitdem sitzen hier die Oberbürgermeister der Stadt. Bis jetzt immer noch gerade. Schräglage hat kurioserweise nur der Aufzug, mit dem Besucher bis unter die Kuppel fahren können, um von dort einen herrlichen Rundblick über die Stadt zu genießen.

In order to provide a sound foundation for this magnificent Wilhelminian building, in 1901 the Hanoverians rammed 6,000 beechwood piles into the swampy ground of the Leine marshlands. Since then this has been the seat of the city's lord mayors, and as yet their chairs haven't started to tilt. Oddly enough the only thing which is on the slant is the lift which takes visitors up into the dome, from where they can enjoy a wonderful panorama of the city.

Afin d'asseoir ce fastueux édifice de style wilhelminien sur des fondations solides, les Hanovriens enfoncèrent 6.000 pieux de hêtre dans le sol marécageux des rives de la Leine. C'est ici que résident, depuis, les premiers bourgmestres de la ville. Et ils se tiennent toujours bien droit. Fait curieux: seul l'ascenceur que les visiteurs peuvent emprunter pour accéder à la coupole et y découvrir une superbe vue d'ensemble sur la ville présente une légère inclinaison.

Das Steinhuder Meer nördlich von Hannover ist der größte See und damit eines der beliebtesten Naherholungsgebiete Niedersachsens. Im Sommer finden hier Regatten statt, im Winter wird auf dem Eis gesegelt; immer rund um die künstliche Insel, die Festung Wilhelmstein, die einst eine berühmte Militärakademie beherbergte.

The Steinhuder Meer north of Hanover is Lower Saxony's largest lake and one of its most popular local recreation areas. In summer regattas are held here, and in winter there is sailing on the ice, round and round the artificial island on which stands Fort Wilhelmstein, once a famous military academy.

Le Steinhuder Meer, au nord de Hanovre, est le plus grand lac de la Basse-Saxe, ce qui en fait l'une des zones de loisirs suburbaines les plus prisées de cette région. Des régates y ont lieu en été, le yachting sur glace s'y pratique en hiver, et ce tout autour de l'île artificielle sur laquelle trône la forteresse Wilhelmstein, qui fut autrefois une célèbre académie militaire.

Am Anfang war der Totengrund. Ein Pastor aus Egestorf rettete das karge, mit Erika und Wacholder bewachsene Fleckchen Heidetal vor der Zerstörung. Im Jahre 1906 erwarb Wilhelm Bode für 6.000 Mark das Areal. Doch dem Gottesmann war das nicht genug. Hilfe kam ausgerechnet aus dem fernen Bayern.

In München nämlich wurde 1909 der „Verein Naturschutzpark" gegründet, und mit dessen Unterstützung konnte Pastor Bode ein Jahr später den Wilseder Hof Nr. 4 kaufen, zu dem auch der Wilseder Berg gehörte, mit 169 Metern die höchste Erhebung der norddeutschen Tiefebene. Sogar Kaiser Wilhelm engagierte sich. Die von ihm genehmigte Lotterie brachte noch einmal 1,4 Millionen Mark zusammen, und für Bode erfüllte sich „der schöne Traum eines niedersächsischen Naturschutzparks". Es war der erste in ganz Deutschland. Jährlich wandern Hunderttausende von Besuchern durch den 200 Quadratkilometer großen Naturpark. Automobile sind tabu, und so bleibt denen, die weniger gut zu Fuß sind, nur die Pferdekutsche. Mit zwei PS, per pedes oder Fahrrad streifen Erholungssuchende über die sanft gewellten sandigen Hügel, an Wacholder- und Ilexbüschen vorbei, durch Kiefern- und Birkenhaine.

Besonders schön ist es im Frühling, wenn Ginster und Birken in zartem Grün schimmern, oder im August, wenn Calluna und Erika blühen und ihren lila Teppich ausbreiten. Dann eröffnet sich die spröde Schönheit einer in diesem Umfang in Europa einzigartigen Landschaft. Hier und da weiden Schnuckenherden, und sie sind alles andere als sentimentale Dekoration.

Denn der Kampf für diese Natur ist auch ein Kampf gegen die Natur. Die Lüneburger Heide ist keineswegs eine ursprüngliche Landschaft, sondern historisch gewachsen, Ausdruck einer bestimmten Wirtschaftsform, einer, wie die Fachleute sagen, Sekundärvegetation.

Noch im Mittelalter war das Geest-Gebiet um den Wilseder Berg bewaldet. Eichen, Kiefern und Birken aber wurden gerodet, nicht zuletzt brauchte die Saline in Lüneburg beträchtliche Mengen an Holz. Auf dem Sandboden machte sich das Heidekraut breit, weil es endlich genügend Licht empfing, und der genügsame Wacholder, der den Schafen zu stachelig ist. Daß diese Landschaft, die noch im 19. Jahrhundert als vollkommen reizlos, als „norddeutsche Sahara", als finster und trübselig empfunden wurde, daß diese herbe Landschaft überhaupt schützenswert sein könnte, merkte man erst, als sie in weiten Teilen verschwand: Der Preis für Schafwolle war gefallen, technische Erfindungen ermöglichten die großflächige Aufforstung mit Fichten und Kiefern.

Hier nun gesellte sich zum Retter Pastor Bode ein Westpreuße aus Kulm an der Weichsel. Hermann Löns, den es als Zeitungsredakteur nach Hannover verschlagen hatte, machte die Lüneburger Heide berühmt. In seinen Gedichten und Liedern huldigte er ihrem schwermütigen Zauber, getrieben auch von der Angst, daß sie zerstört würde. Der grüblerische Mann suchte hier fernab der städtischen (und journalistischen) Hektik die Einsamkeit als Labsal für das „Chaos seiner Seele".

Um den eigentümlichen Charakter der Lüneburger Heide im Naturpark zu erhalten, sind heute „menschliche Eingriffe" nötig. Auf dem offenen Gelände fressen die Heidschnuckenherden planmäßig die Baumschößlinge ab und halten die Heide kurz. Schlagen doch zu viele Birken und Kiefern Wurzeln, werden sie „entkusselt", herausgeschlagen.

Allerdings konnten Bode, Löns & Co. nicht verhindern, daß die Heide schon von Kaiser Wilhelm als idealer Truppenübungsplatz entdeckt wurde. Die Nazis setzten die zweifelhafte Tradition fort, löschten 24 Dörfer in der Nähe von Bergen-Hohne von der Landkarte. Seit dem Krieg nutzen Bundeswehr und britische Armee weite Teile der Heide für Manöver. Das Ende des Ostblocks erst machte ernsthafte Diskussionen möglich, ob nicht diese gegenüber der Landschaft und den Einwohnern so rücksichtslose Praxis eingeschränkt werden oder gar ganz verschwinden könnte.

Verschwunden ist der einst strahlende Reichtum einer Stadt wie Bardowick. Nördlich von Lüneburg gelegen, war Bardowick im Mittelalter ein bedeutender Knotenpunkt für den Ost-West-Handel, die norddeutschen Märkte wurden durch die Bardowicker Münze beherrscht. Zweimal besuchte Karl der Große die Stadt, aber anno 1189, als Heinrich der Löwe vor den Toren stand, ließen ihn die stolzen Hansestädter nicht hinein, woraufhin Heinrich der Stadt seine Gunst entzog. Der Aufstieg Lüneburgs begann.

The present-day Lüneburg Heath started out as a wasteland. It was a pastor, Wilhelm Bode from Egestorf, who saved the sparse strip of heathland valley, overgrown with heather and juniper, from destruction. In 1906 he purchased the land for DM 6,000. But Pastor Bode still wasn't satisfied. Then came help from far-off Bavaria.

It was in Munich that the National Parks Society was founded in 1909. With its assistance, Pastor Bode succeeded one year later in buying No. 4 Wilseder Hof. Part of the land which went with it was Wilseder Berg, at 550 feet the highest elevation in the north German plain. Even Kaiser Wilhelm took an interest. He sanctioned a lottery which brought in another DM 1.4m. Thus Bode saw his "beautiful dream of a Lower Saxon national park" realised. It was the very first in Germany.

Each year hundreds of thousands of visitors go walking in the 77-square-mile nature reserve. Cars are banned, so people who are not so good on their feet have no choice but to take a horse and carriage. Those in search of rest and relaxation roam by horse-drawn cart, on foot or on bicycles across the gently undulating sandy hills, past juniper and holly bushes, through pine and birch groves.

The Heath is particularly lovely in spring when the gorse and birch trees have a sheen of delicate green, or in August when ling and heather spread their purple carpet. This is when the brittle beauty of a landscape unique on this scale in Europe comes into its own. Here and there, flocks of moorland sheep graze, but they are far from being just a sentimental decoration.

For here the battle for nature conservation is also a battle against nature. Far from being a natural landscape, the Lüneburg Heath has come into being during the course of history as the expression of a particular form of husbandry known to experts as secondary vegetation.

In mediaeval times the sandy upland region around the Wilseder Berg was still covered with woods. However, oaks, pines and birches were cleared in order to supply the considerable quantities of wood required for the Lüneburg salt-works. The heather finally had sufficient light to enable it to flourish and, together with the juniper, which was too prickly for the sheep to eat, it spread across the sandy soil. In the 19th century this landscape, dubbed the "north German Sahara," was considered totally unattractive and perceived as a bleak and godforsaken place. It was only when large areas of it disappeared that people began to notice that it was worth saving: this happened because the price of wool had fallen and technical discoveries permitted large-scale afforestation with fir and pine trees.

Pastor Bode, the saviour of the Heath, was now joined by a West Prussian from Kulm on the River Weichsel. Hermann Löns, whose job as a newspaper journalist had brought him to Hanover, made the Lüneburg Heath famous. Motivated partly by fear that it would vanish, he wrote poems and songs in praise of its melancholy enchantment. An introspective type, here far from the hustle and bustle of the city (and journalism) he sought solitude to soothe the "chaos of his soul".

Nowadays "human intervention" is necessary to preserve the unique character of the Lüneburg Heath National Park. In the open countryside flocks of moorland sheep eat young tree shoots according to plan and keep the heathland vegetation short. If despite this too many birch and pine saplings take root, they are uprooted.

Admittedly Bode, Löns & Co. could do nothing about the fact that as far back as Kaiser Wilhelm's day the Heath had been found to be an ideal terrain for military exercises. The Nazis continued this dubious tradition, wiping 24 villages in the Bergen-Hohne area off the map.

Since the war the German and British armies have used extensive areas of the Heath for manoeuvres. Only after the end of the Cold War was it possible to hold serious discussions on the possibility of restricting or indeed entirely abandoning this practice, which is carried out with little heed for either countryside or population.

Au début était le Totengrund. C'est un pasteur d'Egestorf qui sauva de la mort lente ce minuscule lopin de terre, de la Lande de Lüneburg, situé au creux d'un vallon recouvert de bruyères et de génévriers de la Lande de Lüneburg. En 1906, Wilhelm Bode fit l'acquisition de ce terrain pour la somme de 6.000 marks. Mais l'ambition du pasteur ne s'arrêtait pas là. L'aide dont il avait besoin lui vint de la lontaine Bavière, fait pour le moins surprenant.

C'est à Munich, en effet, que fut fondé le «Verein Naturschutzpark», association chargée de veiller à la protection de la vie dans la lande. Fort de son assistance, le pasteur Bode fut en mesure d'acquérir, un an plus tard, la ferme «Wilseder Hof» No 4, dont faisait partie le Wilseder Berg qui, avec ses 169 mètres, est l'accident de terrain le plus élevé de la plaine basse du nord de l'Allemagne. L'empereur Guillaume y mit également du sien. De surcroît, le Jeu de la Loterie, qu'il venait d'autoriser, rapporta la somme de 1,4 million de deutschemarks. Pour Bode s'accomplissait enfin «le beau rêve d'un parc naturel protégé en Basse-Saxe». Il est le premier du genre à avoir vu le jour en Allemagne.

Chaque année, des centaines de milliers de visiteurs sillonnent les 200 kilomètres carrés de cette réserve naturelle. La circulation automobile y étant interdite, il ne reste aux marcheurs peu aguerris que de prendre une voiture à cheval. Cahotés au rythme de deux chevaux vapeurs, à pied ou à bicyclette, les randonneurs en quête de détente cheminent à travers ce paysage vallonné dont le sol sablonneux est le terrain de prédilection du génévrier, des pins et des bouleaux.

La Lande y est particulièrement belle au printemps, lorsque le vert tendre des genêts et des bouleaux scintille au soleil, mais aussi au mois d'août quand fleurissent calluna et bruyère et que celle-ci déploie son tapis de couleur mauve. C'est alors que s'épanouit la beauté austère de ce paysage unique en Europe, si l'on considère son étendue. Ici et là paissent des troupeaux de «Heidschnucken», petits moutons à la toison épaisse et longue, qui ne sont pas là pour le «décor», aussi romantique qu'il soit.

En effet, le combat mené pour la sauvegarde de la nature est également un combat contre cette dernière. La Lande de Lüneburg n'est nullement une contrée de caractère primitif, mais elle est le résultat d'un processus historique et l'expression d'une certaine forme d'exploitation agricole, «une végétation secondaire», comme le disent les experts.

Le «Geest», région morainique et sableuse entourant la colline «Wilseder Berg» était encore couvert de forêts au Moyen Age. Mais les chênes, les pins et les bouleaux furent abattus, car les salines de Lüneburg utilisaient leur bois en grandes quantités. La bruyère, qui avait, enfin, suffisamment de lumière pour se développer, ainsi que le génévrier, peu exigeant, que les moutons craignent en raison de ses piquants, envahirent petit à petit cette terre sablonneuse.

Ce n'est que lorsque de vastes surfaces commencèrent à disparaître que l'on pris conscience que cette région d'aspect austère qui, au XIXe siècle était considérée comme totalement dépourvue d'attraits, comme un «Sahara du nord de l'Allemagne» lugubre et triste, pouvait être digne d'être sauvegardée. En effet, les prix de la laine de mouton avaient entretemps baissé et le progrès technique permettait le reboisement de grandes surfaces par la plantation de mélèzes et de pins.

C'est alors qu'un Prussien issu de Kulm sur la Vistule, en Prusse occidentale, vint à la rescousse du pasteur Bode. Hermann Löns, que son métier de rédacteur avait appelé à Hanovre, rendit célèbre la Lande de Lüneburg. Animé de la crainte de la voir disparaître, il évoquait, dans ses poèmes et ses chansons, le charme mélancolique émanant de ce paysage. Enclin à la méditation, il venait y chercher la solitude et le réconfort au «chaos de son âme», loin de la vie trépidante des villes et des affres de son métier.

La sauvegarde du caractère singulier de la lande de Lüneburg dans le cadre du parc naturel exige une intervention de nature écologique. Les moutons qui paissent en liberté sur la lande et dévorent les jeunes pousses des arbres, contribuent à maintenir la végétation au ras du sol. Si trop de bouleaux ou de pins y prennent racine, il est alors nécessaire de les en extirper.

Bode, Löns et Cie ne purent cependant empêcher que la lande fût exploitée à des fins de manoeuvres militaires, et ceci déjà sous le règne de Guillaume II. Elle remplissait, de façon idéale, les conditions nécessaires à ce genre d'activités. Les national-socialistes perpétuèrent cette tradition douteuse, rayant de la carte 24 villages des environs de Bergen-Hohne.

Wohlstand und Reichtum jedoch verdankt Lüneburg eigentlich seiner Saline. Dort, in einem der ältesten Industriebetriebe der Welt, wurde das Salz gewonnen, das in ganz Nordosteuropa gebraucht und bis nach Skandinavien exportiert wurde. Erst 1980 ist die Produktion endgültig eingestellt worden. Der Besucher kann heute nur noch ein Salzmuseum besichtigen.

Zusammengewachsen aus drei getrennten Siedlungen, erhielt Lüneburg im Jahre 1247 die Stadtrechte, und noch heute künden die schmuckvollen Backsteinbauten an den beiden Marktplätzen von Reichtum und Selbstbewußtsein der Bürger. Das wuchs durch das „weiße Gold" so beträchtlich, daß die Lüneburger ihren Herzog 1371 vor die Tür setzten, woraufhin dieser die Burg in Celle bezog und nie mehr zurückkehrte. Celle blieb Residenzstadt der Herzöge von Braunschweig-Lüneburg, bis Prinzessin Dorothea 1705 Georg Ludwig von Hannover heiratete, den späteren König Georg I. von England.

Im 16. Jahrhundert gestalteten italienische und französische Baumeister das Celler Schloß um in eine herrliche Renaissance-Residenz, zu der auch ein Theater gehört, in dem bis heute gespielt wird. Celles Altstadt wirkt beinahe wie ein Freilichtmuseum, denn die Fachwerkhäuser samt ihrem Schnitzwerk sind vorzüglich erhalten und gepflegt. Ihre geschlossenen Reihen bieten ein Gesamtbild, das seinesgleichen sucht.

Unweit von Celle, in Bargfeld, lebte zusammen mit seiner Frau Alice der Schriftsteller Arno Schmidt, und nur ein paar Steinwürfe von seinem Häuschen entfernt liegt das „Schauerfeld", das in seinem schwergewichtigen Roman „Zettels Traum" eine prominente Rolle spielt. „Flachland und Nachschlagewerke" waren Schmidts Credo, und um sein diffiziles Werk zu schreiben, ließ er kaum jemanden seiner Fan-Gemeinde durchs hölzerne Gartentor. Aber heute können Interessierte − nach vorheriger Anmeldung − Wohnhaus und Archiv des „Gehirntiers" besichtigen.

Zwischen Soltau und Celle liegt die Gedenkstätte des Konzentrationslagers Bergen-Belsen, wo von den Nazis vom Frühjahr 1943 an etwa 50.000 Menschen ermordet wurden, unter ihnen im März 1945 Anne Frank. Ein Mahnmal und einige Ausstellungsräume erinnern an die furchtbaren Verbrechen.

Das „weiße Gold", das Lüneburg zu seiner Bedeutung verhalf, hat in der Lüneburger Heide übrigens noch eine Entsprechung. Relikte eines ehemaligen „Scheichtums" finden sich nämlich in Wietze an der Aller westlich von Celle. Bereits um 1013 sind hier Teerkuhlen belegt, und das „schwarze Gold", das an die Oberfläche schwappte, galt später als Heilmittel für zahlreiche Krankheiten. Bis in die 50er Jahre unseres Jahrhunderts hinein war das einst beschauliche Städtchen Wietze erfüllt vom Stampfen der Erdölpumpen. Den „schwarzen Tod der Heide" nannte es Hermann Löns, weil der wenig sorgsame Umgang mit dem überschüssigen Öl die Wiesen und das Grundwasser verseuchte. Heute erinnert das Erdölmuseum unter freiem Himmel auf 11.000 Quadratmetern an die Zeiten des Ölfiebers in der Heide.

Anmutige Stille umfängt die Besucher des Klosters Wienhausen. Nur in der Woche nach Pfingsten geht es hier turbulent zu, wenn die wertvollen Teppiche zu besichtigen sind, bedeutende Zeugen mittelalterlicher Kunst. Ganzjährig aber sind die Augengläser aus dem 14. Jahrhundert zu bestaunen, die man unter den Dielen des Nonnenchors entdeckte. Es sind die ältesten Brillen, die es gibt.

Kurios klingt auch die Geschichte der Weltkarte im Kloster Ebstorf, die etwa 1250 fertiggestellt wurde, vollkommen in Vergessenheit geriet und erst im Jahre 1832 wieder auftauchte. Das Original wurde in einer Bombennacht des Zweiten Weltkriegs in Hannover zwar zerstört, aber eine naturgetreue Kopie − bestehend aus 30 zusammengesetzten Pergamentstücken aus Ziegenhaut − vermittelt noch immer ihren eigentümlichen Zauber. Im Zentrum liegt Jerusalem, im Weltkreis drumherum sind insgesamt 500 Städte, 150 Flüsse, mehr als 60 Gebirge gemalt, wodurch diese mit einem Durchmesser von 3,5 Metern größte Radkarte der Welt ein Dokument damaliger Erkenntnis und Phantasie ist.

The once radiant wealth of a town like Bardowick has long since disappeared. Situated north of Lüneburg, in the Middle Ages Bardowick was an important junction of East-West trade, and the north German markets were dominated by the Bardowick coinage. Charlemagne twice visited the town, but when Henry the Lion stood before its gates in 1189 the proud Hanseatic citizens refused to let him in, whereupon Henry withdrew his favours from the town, and the rise of Lüneburg began.

In actual fact Lüneburg owes its prosperity and wealth to its salt-works. There, in one of the oldest industrial enterprises in the world, they extracted salt which was used throughout Europe and exported as far afield as Scandinavia. Production did not cease finally until 1980. In its place, the present-day visitor can tour a salt museum.

Lüneburg grew out of the merger of three separate settlements, receiving its town charter in 1247. Still today the ornate brick buildings on the two market squares speak of the residents' wealth and self-assurance. This grew so substantially as a result of the "white gold" that in 1371 the Lüneburgers threw out their Duke, whereupon he moved into the castle in Celle and never returned. Celle remained the seat of the Dukes of Brunswick-Lüneburg until in 1705 Princess Dorothea married Georg Ludwig of Hanover, later to become King George I of England.

In the 16th century Italian and French architects transformed the castle of Celle into a magnificent Renaissance palace containing a theatre where plays are still performed today. Celle's Altstadt resembles an open-air museum, with the half-timbered houses and wood-carvings excellently preserved and cared for. In their entirety, their serried ranks present a picture it would be hard to equal.

The writer Arno Schmidt lived with his wife Alice not far from Celle, in Bargfeld. Not much more than a stone's throw from his cottage lies the "field of horrors" which plays a prominent role in his heavyweight novel "Zettel's Dream". Schmidt believed in "flat countryside and reference works," and, in order to write his difficult work, he let hardly any of his circle of followers through his wooden garden-gate. But nowadays interested parties, provided they give prior notice, can visit the "brain-box's" house and archive.

Between Soltau and Celle lies the memorial to Bergen-Belsen concentration camp, where from the spring of 1943 onwards around 50,000 people were murdered by the Nazis, among them, in March 1945, Anne Frank. A memorial and exhibition centre serve as reminders of these terrible crimes.

Incidentally, the "white gold" which helped Lüneburg to prosperity has a parallel in the Lüneburg Heath, where the remains of a former "sheikhdom" are to be found in Wietze on the River Aller west of Celle. Here, tarpits can be traced back to 1013 AD. Later the "black gold" sloshing around on the surface came to be valued as a cure for numerous illnesses. Right up to the 1950s the once tranquil town of Wietze was filled with the pounding of oil pumps. Hermann Löns dubbed it "the black death of the Heath" because of the careless way in which superfluous oil was handled, leading to the contamination of meadows and ground water. Nowadays the open-air Mineral Oil Museum, spread across an area of almost three acres, serves as a reminder of the era of oil fever in the Heath.

An aura of peace and tranquillity greets visitors to the convent of Wienhausen. This turns to hustle and bustle once a year in the week after Whitsun when the valuable convent carpets, distinguished examples of mediaeval art, are on show. To be marvelled at all year round are the 14th century spectacles found beneath the floorboards of the nuns' chancel. They are the oldest spectacles in existence.

Another curious tale is that of the world map in the monastery of Ebstorf. After being drawn up in 1250, it sank into total oblivion, re-emerging only in 1832. Though the original was destroyed in a Second World War bombing raid on Hanover, an authentic copy, consisting of 30 pieces of goatskin parchment joined together, still exudes a peculiar magic. At the map's centre lies Jerusalem. Around it the world is depicted by 500 towns, 150 rivers and more than 60 mountain ranges, making this circular map over 11 feet in diameter a document of human knowledge and imagination at that time.

Depuis la guerre, un vaste pan de la lande est réservé à la Bundeswehr et à l'armée britannique qui y font leurs exercices. L'effondrement du bloc oriental a permis d'ouvrir des débats sérieux visant à limiter, voire même à faire disparaître cette pratique tenant si peu compte du paysage et de ses habitants.

Disparue est, elle, la richesse autrefois si fastueuse de la ville de Bardowick. Située au nord de Lüneburg, Bardowick était, au Moyen Age, un nœud de communication dans le commerce est-ouest. Les marchés de l'Allemagne du Nord étaient dominés par la monnaie de Bardowick. Charlemagne s'y rendit à deux reprises, mais lorsque Henri le Lion vint frapper aux portes de la ville, en 1189, les fiers habitants de cette cité hanséatique lui en refusèrent l'entrée, sur quoi Henri le Lion leur retira ses faveurs. C'est alors que commença l'ascension de Lüneburg.

En réalité, Lüneburg doit sa richesse et sa prospérité à ses salines. On y extrayait le sel gemme dans l'une des plus anciennes exploitations industrielles qui soit au monde, ce sel que réclamait tout le nord-est de l'Europe et qui était exporté jusqu'en Scandinavie. Ce n'est qu'en 1980 que l'exploitation cessa définitivement. Toutefois, le visiteur pourra y visiter le Salzmuseum, le Musée du Sel.

Née de la réunion de trois agglomérations distinctes, Lüneburg obtint les franchises communales en 1247. Aujourd'hui encore, les sompteux bâtiments de briques bordant les deux Places du Marché témoignent de la richesse et de la fierté de ses habitants. «L'or blanc» contribua à multiplier cette richesse dans une mesure telle que les Lünebourgeois décidèrent, en 1371, de mettre leur duc à la porte. Sur quoi ce dernier aller s'installer dans son château de Celle sans plus jamais revenir. La ville de Celle demeura résidence des ducs de Brunswick-Lüneburg jusqu'à ce que la princesse Dorothée épousât Georg Ludwig de Hanovre, le futur roi George Ier d'Angleterre, en 1705.

Au XVIe siècle, des architectes, italiens et français, remanièrent le château de Celle, faisant de ce dernier une magnifique résidence de style Renaissance, à laquelle fut adjoint un théâtre. Des représentations y ont encore lieu de nos jours.

La vieille ville de Celle donnera au visiteur l'impression de se retrouver dans un musée en plein air. Ses maisons à colombages avec leurs volutes et motifs délicatement sculptés, y sont excellemment conservées et entretenues. Leurs différentes rangées et leur cohésion possèdent un cachet unique au monde.

L'écrivain Arno Schmidt vécut, en compagnie de sa femme Alice, non loin de Celle, à Bargfeld. A quelques pas seulement de sa petite maison, se trouve le «Schauerfeld», qui joue un rôle si prépondérant dans son volumineux roman «Zettels Traum». «Campagne et ouvrage de référence», tel était le crédo de Arno Schmidt qui, pour écrire en paix son œuvre

subtile − n'ouvrait que parcimonieusement la porte de son jardin aux membres de sa vaste communauté d'adeptes. Mais aujourd'hui, les intéressés peuvent visiter − sur rendez-vous − la maison et les archives du «cerveau».

Entre Soltau et Celle se trouve le mémorial du camp de concentration de Bergen-Belsen, où près de 50.000 personnes furent assassinées par les nazis à partir du printemps 1943, parmi lesquelles Anne Frank, en mars 1945. Un monument érigé en leur mémoire ainsi que plusieurs salles d'exposition rappellent ces crimes atroces.

«L'or blanc» qui fit la célébrité et la richesse de Lüneburg a d'ailleurs son pendant au beau milieu de la Lande. Des vestiges d'un ancien «émirat» ont, en effet, été mis à jour à Wietze an der Aller, à l'ouest de Celle. Dès 1013, il est fait mention de gisements de pétrole et «l'or noir», qui clapotait en surface passa, plus tard, pour être un remède à de nombreuses maladies. Dans les années 50 de notre siècle, la petite ville auparavant si paisible qu'était Wietze, résonnait encore du bruit régulier des pompes de forage. «La mort noire de la Lande», ainsi l'appelait Hermann Löns, car les résidus de pétrole étaient insouciamment répandus dans les prés et contaminaient les nappes phréatiques. Aujourd'hui, le Musée du Pétrole aménagé à ciel ouvert sur 11.000 mètres carrés de surface, évoque les temps où la fièvre du pétrole s'était emparée de la Lande de Lüneburg.

Un silence bienfaisant accueille le visiteur à l'abbaye de Wienhausen. Celle-ci ne s'anime que dans la semaine de la Pentecôte, lorsque les tapis précieux, témoignages insignes de l'art médiéval, peuvent y être admirés. Les verres optiques du XIVe siècle, retrouvés sous la tribune des religieuses y sont, par contre, exposés toute l'année. Ce sont les plus vieilles lunettes qui soient.

L'histoire se rattachant à la mappemonde conservée à l'abbaye d'Ebstorf, qui date de 1250 environ, est, elle aussi, singulière. Cette carte du monde sombra totalement dans l'oubli et ne fit sa réapparition qu'en 1832. L'original, qui se trouvait à Hanovre, fut détruit au cours d'un des bombardements nocturnes de la dernière guerre mondiale. Mais, de la copie, en tous points fidèle à l'original, et constituée de 30 morceaux de parchemin de peau de chèvre, accolés les uns aux autres, se dégage encore une étrange magie.

En son centre trône Jerusalem et, tout autour sont peintes 500 villes, 150 fleuves ainsi que plus de 60 montagnes. Cette carte, dont les 3,5 mètres de diamètre en font la plus vaste jamais réalisée, constitue un document du savoir et de l'imaginaire de cette époque.

Das Kloster Wienhausen
im Kreis Celle beherbergt
außer einem evangelischen
Damenstift unersetzbare
Kostbarkeiten aus dem 13.
bis 16. Jahrhundert. Dar-
unter sind Wandteppiche
mit Motiven aus der
Tristansage, aus Heiligenlegenden und Jagdszenen.
Mit ihrer fast vollständig
erhaltenen mittelalterlichen
Einrichtung und Baustruk-
tur ist die Anlage eine der
größten Sehenswürdigkei-
ten des Landes.

The convent of Wienhau-
sen near Celle houses not
only a Protestant order of
nuns but also irreplaceable
treasures of the 13th to
16th centuries. They
include wall carpets
containing motifs from the
story of Tristan and Isolde,
legends of the saints and
hunting scenes. The
almost perfectly preserved
mediaeval building, fittings
and furnishings make
Wienhausen one of the
state's major places of
interest.

L'abbaye de Wienhausen,
dans le canton de Celle,
abrite non seulement un
couvent de femmes dirigé
par des chanoinesses prote-
stantes mais renferme également des trésors inesti-
mables datant du XIIIe au
XVIe siècles, dont huit
tapisseries évoquant la
légende de Tristan, la vie
des Saints ou représentant
des scènes de chasse.
Ayant conservé presque
intégralement son aména-
gement médiéval et la
structure architecturale de
l'époque, cette abbaye est
l'une des curiosités les plus
dignes d'intérêt du Land
de Basse-Saxe.

Friedrich Engels nannte die karge Schönheit der Lüneburger Heide mit Wacholdersträuchern und blühenden Heidekrautwiesen noch abfällig die „norddeutsche Sahara". Früher rauschten hier üppige Wälder, welche die Lüneburger im Laufe der Zeit für ihre Salzproduktion abholzten. Erst romantische Geister wie der Heidedichter Hermann Löns entdeckten um die Jahrhundertwende den melancholischen Reiz dieser Landschaft.

Friedrich Engels referred derisively to the sparse beauty of the Lüneburg Heath with its juniper bushes and meadows of blooming heather as the "North German Sahara." Formerly a region of rustling forests, in the course of time it was cleared by the local inhabitants to provide firewood for salt vats. It was not until the turn of the century that romantics like Hermann Löns, the heathland poet, discovered the melancholy enchantment of this landscape.

Friedrich Engels qualifiait encore dédaigneusement de «Sahara de l'Allemagne du Nord» la Lande de Lüneburg, pays à la beauté austère, que recouvrent génévriers et bruyères. Le feuillage des arbres de ses vastes forêts y frémissait jadis, arbres que les habitants de Lüneburg abattirent au fil du temps afin de pouvoir exploiter leurs salines. Les esprits romantiques, tel le poète Hermann Löns, qui chanta la lande de Lüneburg, furent les premiers à découvrir le charme mélancolique de ce paysage.

Die mächtige Hansestadt
Lüneburg versorgte einst
ganz Nordosteuropa mit
Salz. An den Kontoren
entlang der Ilmenau
drängten sich damals die
Lastkähne. Mit Holzkrä-
nen wurde der Würzstoff
verladen und gegen Pretio-
sen aus aller Welt ge-
tauscht. Der Reichtum der
Kaufleute spiegelt sich
noch heute in eindrucks-
vollen Bauten der Renais-
sance und der typisch
norddeutschen Backstein-
gotik.

The powerful Hanseatic
town of Lüneburg once
supplied the whole of
North East Europe with
salt. In those days the salt
barges thronged around
the merchants' offices
along the River Ilmenau.
The salt was loaded with
wooden cranes and ex-
changed for precious items
from all over the world.
The merchants' wealth is
still reflected in impressive
Renaissance and North
German redbrick Gothic
buildings.

La puissante ville hanséatique que fut Lüneburg
livrait autrefois du sel à
l'ensemble des pays du
nord-est de l'Europe. Les
chalands sillonnaient alors
l'Ilmenau et se pressaient
à ses comptoirs commer-
ciaux. Cet épice était char-
gé au moyen de grues en
bois sur les bâteaux et
échangé contre des ma-
tières précieuses en provenance du monde entier.
La richesse des négociants
transparaît encore de nos
jours à travers les bâti-
ments impressionnants da-
tant de la Renaissance et
les maisons de brique rouges construites dans le
style gothique si caractéristique de cette région.

Innen wie außen eine
Augenweide: das Celler
Schloß. Ursprünglich im
Renaissance-Stil errichtet,
wurde es unter Herzog
Georg Wilhelm um 1700
von italienischen Architek-
ten in ein Glanzstück der
Barockarchitektur ver-
wandelt. Die prächtigen
Wohnräume verzierte der
Venezianer Giovanni
Battista Tornielli mit kost-
baren Stukkaturen. Das
alte Schloßtheater im
Nordwestturm ist eine der
schönsten Spielstätten
Niedersachsens.

A feast for the eyes, both
inside and out: the castle
of Celle. Originally
constructed in the Renaissance style, around 1700
during the reign of Duke
Georg Wilhelm it was
transformed by Italian
architects into a master-
piece of Baroque architecture. The magnificent
living quarters were deco-
rated by the Venetian Giovanni Battista Tornielli
with sumptuous ornamen-
tal plasterwork. The old
palace theatre in the
north-west tower is one of
Lower Saxony's loveliest
theatrical venues.

Un régal pour les yeux
tant de l'intérieur que de
l'extérieur, tel est le château de Celle. Erigé à
l'origine dans le style de la
Renaissance, il fut remanié
sous le règne du duc
Georg Wilhelm en 1700
par des architectes italiens
qui en firent un joyau de
l'architecture baroque. Les
fastueuses pièces d'habitation furent décorées de
précieux stucs par le Véni-
tien Giovanni Battista Tornielli. L'ancien théâtre du
château aménagé dans la
tour nord-ouest est l'un
des plus beaux que possè-
de la Basse-Saxe.

Als 20 bis 30 Kilometer breiter und 90 Kilometer langer Granitblock ragt, nein, man muß wohl sagen, ruht der Harz in der norddeutschen Tiefebene. Viele Poeten haben ihr Herz an die sanften Rundungen des Harzes verloren. Hans Christian Andersen sah im verwunschenen Okertal und auf bewaldeten Höhen eine „Traumwelt der Phantasie", Joseph von Eichendorff „zauberische Märchen", und Wilhelm Raabe ließ sich in Bad Harzburg zu einigen seiner schönsten Novellen anregen. Schuld war kein Geringerer als Johann Wolfgang von Goethe, quasi der Pionier der literarischen Harzüberquerung. 1777 kam der Geheimrat zum erstenmal hierher und fand neben seltenen Mineralien vor allem „Ruhe über den Gipfeln", die er nach diversen Saturnalien mit seinem Weimarer Herzog Carl August auch dringend nötig hatte.

Seit Goethe seinen Faust auf dem Brocken durch den legendären Hexensabatt jagte, gehört die Harzlandschaft zum Fundus der europäischen Romantik: murmelnde Bäche, die sich durch zerklüftete Täler stürzen, stille Teiche im dunklen Tann, Hochmoore, bizarre Klippen und unheimliche Tropfsteine wie in der Iberger Höhle bei Bad Grund.

Ein Ambiente, wie geschaffen für sagenhafte Wesen und mythische Gestalten, die dem Menschen ins Handwerk pfuschen. Hexen, Feen, Riesen und Zwerge sieht man aber nur noch im Märchengrund von Bad Sachsa und am 30. April während der Walpurgisnacht.

Es war die Bedrohung der Natur, eine ebenso neue wie unheimliche Erfahrung, die die Menschen weit elementarer berührte als uns leidgeprüfte Zeitgenossen. Denn der Harz stand damals in dem Ruf, eine der größten Industrielandschaften Westeuropas zu sein. Der Grund: reiche Silbererzminen, die schon zu Zeiten der Salierkaiser die Stadt Goslar zur Reichsstadt gemacht hatten.

Als Kaiser Karl V. 1525 die Schürfrechte an die Landesfürsten abtrat, kamen Spezialisten aus dem Erzgebirge ins Land. Sie belebten den 1350 wegen der Pest und anderer Pro-
bleme eingestellten Bergbau neu und sollten das Gesicht des Harzes nachhaltig verändern. Unterirdische Stollen durchlöcherten nun das jungfräuliche Gebirge, der Dunst von Kokereien, Wasch- und Schmelzanlagen zog die Flüsse hinab. Stauteiche und Wassergräben bändigten das Wasser, und in die unberührten Wälder schnitten Haldenflächen und Transportwege. In nur 100 Jahren schafften es die Experten, den gesamten Buchenbestand zu vernichten, der einst den Harz überzog. Die vielbesungene Tanne wächst hier in Massen erst seit der Wiederaufforstung Anfang des 18. Jahrhunderts und ist recht eigentlich eine Fichte. Dieses leicht zu verarbeitende Nadelholz prägt dafür bis heute die typische Harzarchitektur in den sieben Bergstädten Clausthal, Zellerfeld, Bad Grund, St. Andreasberg, Wildemann, Lautenthal und Altenau.

Die abenteuerliche Zeit des Bergbaus ist lange vorbei und wird nur noch in Museen — den Schacht Samson in St. Andreasberg besuchten schon die Touristen Goethe und Heine — liebevoll konserviert. Talsperren und Stauseen verwandelten sich im Zuge der touristischen Erschließung in Freizeit-Oasen, und aus dem wildromantischen Naturpanorama des Harzes ist eine moderne Erholungslandschaft geworden. In der Umgebung von Clausthal-Zellerfeld locken beispielsweise 66 künstliche Teiche zum Bade. Hier steht seit 1642 auch die mit 2.200 Plätzen größte Holzkirche Europas. Nord-östlich von Clausthal-Zellerfeld zieht sich das Okertal — unterbrochen von einer großen Talsperre — über den malerischen, aber künstlich errichteten Wasserfall bei Romkerhall und gilt dem Wanderer zu Recht als schönster Flecken des Westharzes. Skihasen behaupten das auch von der Gegend rund um Torfhaus oder den Wurmberg bei Braunlage. In der Nähe von Bad Sachsa finden sich die großartigsten Landschaftsformen auf engstem Raum: steilaufragende Felsformationen wie der Römerstein, ganze Granitwände an Sachsenstein und Itelklippe. 900 Jahre alte Fischteiche rund um die Ruinen des berühmten Zisterzienser-Klosters Walkenried sind ein Eldorado für passionierte Angler.

Bleibt Goslar zu erwähnen — die Perle der Harzstädte. Die mächtige Kaiserpfalz aus dem Jahre 1050, das spätgotische Rathaus, prachtvolle Bürgerhäuser und reiche Kirchen in der gut erhaltenen Altstadt künden davon, daß die Reichsstadt jahrhundertelang die Schatzkammer des Heiligen Römischen Reiches Deutscher Nation war. In Goslar begann 968 das erste Kapitel der Harzgeschichte mit den Gold- und Silberfunden am Rammelsberg. Wegen seiner heute so malerisch anmutenden schmalen, labyrinthisch krummen Straßen und den gut erhaltenen Fachwerkhäusern hat die UNESCO Goslar 1991 zum schützenswerten Welt-Kulturgut erklärt.

The Harz Mountains consist of a granite block about 30 to 50 miles wide and 55 miles long towering over, or rather resting amidst, the north German plain. Many writers have lost their hearts to the gentle undulations of the Harz. Hans Christian Andersen saw in the enchanted Oker Valley and on the wooded heights a "fantastic dream world," Joseph von Eichendorff wrote of "magical fairy-tales," and in Bad Harzburg Wilhelm Raabe found inspiration for some of his best novellas.

Ever since Goethe's Faust was sent chasing over the Brocken mountain on the legendary Witches' Sabbath, the scenery of the Harz has become part of the lore of European Romanticism: gurgling streams tumbling down rugged narrow valleys, still ponds lurking amidst dark pine trees, upland moors, bizarrely shaped cliffs and eery dripstones like those in the Iberg Cave near Bad Grund.

It is an ambience ideal for legendary characters and mythical figures cocking a snook at human endeavours. Admittedly witches, giants and dwarfs are only seen nowadays in the Märchengrund fairytale theme park in Bad Sachsa and during Walpurgis Night on 30th April.

It was the threat to nature, an experience at once new and uncanny, which moved people in a much more elemental way that it does us today, hardened as we are to such afflictions. For at that time the Harz enjoyed a reputation as the biggest industrial area in western Europe on account of its rich silver mines, which already under the Salian kings had made the town of Goslar a free city of the Holy Roman Empire.

When Emperor Charles V ceded mining rights to the princes in 1525, specialists from the Erzgebirge mountains came to the Harz. They revived the mining industry, which had ceased in 1350 because of plague and a variety of technical problems, and were to change the face of the Harz for ever. Now subterranean galleries riddled the virgin mountains and the fumes of coking, washing and smelting plants were carried down the rivers. Reservoirs and ditches tamed the water, and tracks and slagheaps cut into the virgin forests. In less than 100 years, the experts managed to destroy all the beech trees which had once covered the Harz. The much-sung pines have been growing here only since reafforestation at the beginning of the 18th century, and are more accurately fir trees. Nowadays the easily-worked wood from these trees is the main feature of typical Harz architecture in the seven mountain towns of Clausthal, Zellerfeld, Bad Grund, St Andreasberg, Wildemann, Lautenthal and Altenau.

The adventurous days of mining are long since past and nowadays lovingly preserved only in museums—in their time both Goethe and Heine visited the Samson mine in St Andreasberg as tourists. As the area was opened up to tourism, dams and reservoirs were transformed into leisure spots, and nowadays the once wildly romantic natural scenery of the Harz has become a modern area for rest and relaxation. For example, around Clausthal-Zellerfeld there are no less than 66 inviting artificial lakes to swim in. The town also boasts the biggest wooden church in Europe, built in 1642 to accommodate 2,200 worshippers.

North-east of Clausthal-Zellerfeld the Oker Valley, interrupted by a large dam, makes its way down over the picturesque though artificially created waterfall near Romkerhall. Walkers justifiably reckon this to be the most beautiful spot in the western Harz. Ski enthusiasts claim the same distinction for the area around Torfhaus or the Wurmberg near Braunlage.

Close to Bad Sachsa a most magnificent variety of scenery is concentrated into a small area. Here you will find steeply towering rock formations like the Römerstein, and the unbroken granite walls of Sachsenstein and Itelklippe. The 900-year-old fishponds around the famous ruined Cistercian monastery of Walkenried are a paradise for keen anglers.

It remains but to mention Goslar—the pearl of the Harz towns. The mighty imperial palace dating back to 1050, the late Gothic Rathaus, splendid town houses and richly endowed churches in the Altstadt in good repair are witness to the fact that the free imperial city of Goslar was for centuries the treasure-house of the Holy Roman Empire.

The first chapter in the history of the Harz began in Goslar in 968 AD with the discovery of gold and silver on the Rammelsberg.

Heine's vicious tongue had little good to say about the narrow, labyrinthine, crooked streets and half-timbered houses, well-looked after even in his day, which nowadays seem so picturesque. All the same, UNESCO has designated the sights of Goslar worthy of conservation as part of the cultural heritage of mankind.

Bloc de granit de 30 à 40 kilomètres de large et de 90 kilomètres de long, le Harz domine la plaine basse d'Allemagne du Nord. Il serait, en réalité, plus exact de dire qu'il y repose. De nombreux poètes se sont épris de ses doux mamelons. La vallée romantique de l'Oker et les collines boisées symbolisaient, pour Hans Christian Andersen, un «monde imaginaire». Joseph von Eichendorff y voyait des «contes fantastiques» et c'est à Bad Harzburg que Wilhelm Raabe alla puiser l'inspiration de plusieurs de ses plus belles nouvelles.

Depuis que Goethe a fait rôder son Faust sur le Brocken, l'entraînant dans le légendaire sabbat des sorcières, le Harz fait partie du patrimoine romantique européen: petits torrents babilleurs dévalant soudain les cluses crevassées, étangs muets reposant sous la frondaison obscure des forêts, tourbières de montagnes, falaises fantasmagoriques et stalactites étranges, comme le sont celles des grottes d'Iberg près de Bad Grund.

Un décor on ne peut mieux adapté à l'évolution d'êtres fabuleux et de figures mythiques venues semer le trouble parmi les hommes. Certes, on ne rencontrera plus, désormais, les sorcières, fées, nains et géants que dans le Märchengrund, la «Vallée des Contes» de Bad Sachsa ou encore le 30 avril, pendant la nuit de Walpurgis.

Le péril qui menaçait la nature, fait alors aussi nouveau qu'inquiétant, vint frapper les habitants de cette région, de façon beaucoup bien plus concrète qu'elle ne nous touche, nous contemporains, pourtant si durement éprouvés à cet égard. En effet, le Harz était alors considéré comme l'une des plus importantes zones industrielles d'Europe occidentale. La raison en était les riches mines d'argent qui, dès l'époque où régnèrent les empereurs saliens, avaient contribué à faire de Goslar une ville d'Empire.

Lorsque, en 1525, l'empereur Charles V céda les droits de prospection au prince de cet Etat, des spécialistes affluèrent du Erzgebirge. Ils firent renaître l'exploitation minière abandonnée en raison de la peste et d'autres problèmes de nature technique et modifièrent profondément et pour une longue période, la physiognomie du Harz. Des galeries souterraines furent alors creusées à travers ce massif montagneux encore vierge, les émanations des cokeries, des laveries et des fonderies se répandirent le long des fleuves pour aller se déposer dans les vallées. Des barrages et des fossés domptèrent l'eau impétueuse des rivières, les terrils et les voies de transport amputèrent la forêt. En l'espace d'à peine cent ans, les experts réussirent à anéantir la totalité des forêts de hêtres qui recouvraient auparavant le Harz. Le sapin, si souvent chanté, n'y prospère, en masse, que depuis que l'on a procédé au reboisement à partir du XVIIIe siècle. En réalité, il n'est qu'un simple épicéa. Le bois de ce conifère, facile à travailler, est, jusqu'à nos jours, resté caractéristique, de l'architecture du Harz et des sept villes de montagnes que sont Clausthal, Zellerfeld, Bad Grund, St. Andreasberg, Wildemann, Lautenthal et Altenau.

L'époque aventureuse où furent exploitées les mines d'argent est révolue depuis fort longtemps, mais elle a été amoureusement conservée dans les musées. Goethe et Heine, en visite ici, ne manquèrent pas d'aller voir le puits de Samson, à Andreasberg. Dans le même temps où cette contrée fut mise en valeur sur le plan touristique, les barrages et lacs artificiels se transformèrent en oasis de loisirs et le cadre d'aspect romantique et sauvage que constituait le Harz est devenu une zone de détente moderne. Dans les environs de Clausthal-Zellerfeld 66 petits étangs artificiels attirent le visiteur. C'est ici également que se dresse, depuis 1642, une église faite entièrement en bois et dotée de 2.200 places, la plus grande du genre en Allemagne.

Au nord-est de Clausthal-Zellerfeld serpente la vallée de l'Oker, interrompue par un grand barrage et des chutes d'eaux pittoresques bien qu'artificielles, près de Romkerhall. Aux yeux du randonneur, elle passe à juste titre pour être l'un des plus beaux coins du secteur ouest du Harz. Les amateurs de ski prétendent la même chose, il est vrai, de la région entourant Torfhaus ou le Wurmberg, dans les environs de Braunlage.

Dans les environs de Bad Sachsa, on découvrira, sur un espace très réduit, les formations géologiques les plus extraordinaires: roches tombant à pic comme le Römerstein, parois de granit de Sachsenstein et Itelklippe. Les étangs de pêche, aménagés il y a 900 ans tout autour des ruines du célèbre monastère cistercien de Walkenried sont un eldorado pour les fervents de ce sport.

Il nous reste à mentionner Goslar — véritable perle parmi les villes du Harz. Le «Kaiserpfalz», palais impérial de dimensions imposantes, érigé en 1050, l'hôtel de ville de la fin du gothique, les sompteueses maisons bourgeoises ainsi que les riches églises de la vieille ville bien préservée sont autant de témoins du glorieux passé de cette ville impériale qui, pendant des siècles, abrita le trésor du Saint empire romain germanique.

C'est à Goslar que s'ouvrit, en 968, le premier chapitre de l'histoire du Harz après la découverte des gisements d'argent et d'or du Rammelsberg. Aux yeux de Heinrich Heine, elles étaient ce que Goslar possédait de mieux. Cet esprit railleur demeura toutefois insensible à ses rues tortueuses et étroites qui nous apparaissent aujourd'hui si pittoresques, de même qu'aux maisons à colombages déjà bien conservées à l'époque. L'UNESCO, pour sa part, a jugé que les curiosités de Goslar faisaient en tout cas partie du patrimoine culturel international et étaient donc dignes d'être préservées.

Murmelnde Bäche, wilde Schluchten und waldbekränzte Höhen — der Harz ist der Inbegriff der deutschen Romantik. Heinrich Heine hat ihn besungen und Johann Wolfgang von Goethe seinen Faust auf dem Brocken durch den Hexensabbat gejagt. Den modernen Freizeitmenschen locken noch immer die im niedersächsischen Teil des Harzes gelegenen sechs Talsperren, ein ausgeklügeltes Wanderwegenetz und die zahlreichen Skipisten.

Babbling brooks, wild gorges and wood-wreathed heights—the Harz region is the essence of German Romanticism. Heinrich Heine sang its praises and Goethe sent Faust chasing over the Brocken on the Witches' Sabbath. Modern-day leisure-seekers are still attracted by the six river valley dams in the Lower Saxon Harz, by a cleverly devised network of paths for hikers, and by numerous ski slopes.

Ruisseaux babillards, gorges sauvages, collines boisées — le Harz est l'incarnation du romantisme allemand. Heinrich Heine l'a chanté et Johann Wolfgang von Goethe a fait rôder son Faust sur le Brocken, l'entraînant dans le sabbat des sorcières. L'homme des temps modernes, amateur de loisirs, demeure, lui aussi, attiré par les six barrages situés dans la partie du Harz relevant de la Basse-Saxe, son réseau de sentiers de randonnée bien élaboré et les nombreuses pistes de ski qui le sillonnent.

Wildemann ist eine der
sieben Bergstädte des Harzes. Bis zum Jahre 1924
grub man Silbererz aus
den weitverzweigten Stol-
len. Nach einer kurzen
Phase des wirtschaftlichen
Niederganges besannen
sich die Wildemannen auf
ihre überirdischen Reich-
tümer. Das Städtchen ist
heute ein beliebter Luft-
kurort.

Wildemann is one of the
seven hill towns of the
Harz. Here until 1924
silver ore was mined in a
labyrinth of tunnel
workings. After a short
period of economic decline
the residents of Wilde-
mann started thinking of
the natural wealth they
possessed overground.
Nowadays the little town is
a popular spa resort.

Wildemann est l'une des
sept villes de montagne du
Harz. Des galeries souterraines au parcours ramifié
on a extrait le minerai
d'argent jusqu'en 1924.
Après une phase de déclin
économique qui ne dura
que peu de temps, les ha-
bitants de Wildemann se
souvinrent qu'ils possé-
daient des ressources en
surface. Cette petite ville
est aujourd'hui une station
climatique fort prisée.

Wie der Buckel eines
urzeitlichen Ungetüms
ragt der Brocken aus der
Horizontalen. Fünfzig Jahre lang spähte die Rote
Armee von seinem Gipfel
über den „antifaschisti-
schen Schutzwall". Der
Brocken war militärisches
Sperrgebiet. Seit dem Fall
der Mauer im Jahre 1989
erklimmen den höchsten
Berg des Harzes (1.142 m)
nur noch Ausflügler in
Regimentsstärke. Weniger
Fußfertige bewältigen den
Aufstieg mit der immer
noch dampfgetriebenen
Brockenbahn. Blick vom
im Westharz gelegenen
Großen-Sonnen-Berg
(750 m) auf den Brocken.

A view from the
750-metre (2,460ft) Gros-
ser-Sonnen-Berg in the
western Harz of the
Brocken mountain,
looming out of the horizon
like the hump of some
prehistoric monster. For
nearly fifty years the Red
Army used its summit to
spy across the West Ger-
man border. The Brocken
was a military no-go area.
Since the fall of the Berlin
Wall in 1989 the only
troops seen climbing the
highest peak in the Harz
(1,142 m, or 3,281ft) have
been regiments of day-
trippers. Those who are
not so good on their feet
can make the ascent by
the Brocken steam railway.

Telle l'échine d'un monstre
préhistorique, le Brocken
émerge du plateau envi-
ronnant. Pendant cinquan-
te ans, l'Armée rouge
guetta, de son sommet, les
activités du monde impé-
rialiste par-delà le rempart
l'en séparant. Le Brocken
était alors zone militaire
interdite. Depuis la chute
du mur, en 1989, les régi-
ments d'excursionnistes
sont les seuls à partir à
l'assaut du plus haut sommet du Harz (1.142 m).
Ceux que la marche
n'attire pas outre mesure
peuvent accéder à son faîte
en prenant le chemin de
fer du Brocken, fonction-
nant encore à la vapeur.
Vue se dégageant du
Großer-Sonnen-Berg, situé
dans l'ouest du Harz, sur
le Brocken.

Trutzig sitzen die Kaiser Friedrich I. Barbarossa und Wilhelm I. hoch zu Roß vor der Kaiserpfalz, einem der größten Profanbauten des Mittelalters, dessen Grundstein Heinrich III. (1039–1056) legte. Das Silbererz machte den Herrscher mächtig und Goslar zur ersten Stadt des Reiches. Das ist lange vorbei. Aber der Hauch vergangenen Ruhms weht noch immer um die Giebel der prachtvollen Gildehäuser und durch die engen Gassen der malerischen Altstadt.

The emperors Frederik I Barbarossa and William I sit defiantly saddled in front of the imperial palace, one of the largest secular buildings in mediaeval Germany, founded by Henry III (1039–1056). Silver ore made him a powerful ruler and Goslar the first city of the Empire. All that is long since gone. But the scent of past glory still wafts about the gables of the splendid guild houses and through the narrow alleys of the picturesque Altstadt.

D'allure redoutable, les empereurs Frédéric Barberousse et Guillaume Ier chevauchent leur monture, face au palais impérial, une importante construction profane du Moyen Age, dont la première pierre fut posée par Henri III (1039–1056). Le minerai d'argent contribua à la puissance du souverain et fit de Goslar la première ville de l'empire. Ces temps sont, il est vrai, révolus depuis fort longtemps. Mais un soupçon de son glorieux passé émane encore des pignons des somptueuses maisons de la guilde et des étroites ruelles de sa pittoresque vieille ville.

Von jeher war das Leben hart an der windumwehten und sturmgepeitschten Nordseeküste Ostfrieslands. Daher war die Seeräuberei jahrhundertelang ein einträglicher Nebenerwerbszweig. Bis ins 13. Jahrhundert hinein verfielen Schiffbrüchige nach dem „Strandrecht" mit Leib und Leben dem König. Aber auch danach geschah es nicht selten, daß Überlebende totgeschlagen wurden, denn vom Plündern ließen sich die Friesen nicht abhalten. Altar, Kanzel und Pietà in der Dorfkirche auf Spiekeroog beispielsweise gehörten ursprünglich wohl auf ein Schiff der spanischen Armada, das 1588 am Ufer der Insel gestrandet war.

Nicht ganz so alt, dafür aber heute um so populärer ist eine andere ostfriesische Tradition: das Teetrinken. Die Zeremonie ist seit Jahrhunderten unverändert. Zuerst kommen die Kluntjes, die schweren Kandisbrocken, in die Tasse, dann der starke Tee, so daß es geheimnisvoll knistert, und danach wird ein Löffel Rahm auf die Tee-Oberfläche gelegt. Wer als Eingeweihter gelten will, sollte das Umrühren lassen, denn nur so stimmt die geschmackliche Reihenfolge: zuerst das Bittere des Blättersuds, dann die milde Sahne und schließlich die Süße des Zuckers. Übrigens gehört Rum nicht in den Tee, sondern in den Grog. Der Schnaps, den die Ostfriesen zum geliebten Heißgetränk nehmen, ist klar und heißt „Köm".

Lange bevor der Tee zu den Ostfriesen kam, wollten die Franken unter Pippin und Karl Martell das Land zwischen Dollart und Jade erobern. Die Friesen und ihre benachbarten Volksstämme, die Stedinger und Dithmarscher, verteidigten sich tapfer, bis Karl dem Großen die Unterwerfung gelang. Aber auch er konnte die Einwohner nicht vor den Normannen schützen, die immer wieder die Küste überfielen. Nicht nur wegen der brandschatzenden Wikinger-Horden zwang „König Karl" die Friesen nicht zur Heeresfolge.

Ein anderer Grund waren die Anstrengungen, welche den Friesen die tobenden Wassermassen der Nordsee abverlangten. Sturmfluten überschwemmten in brutaler Regelmäßigkeit immer wieder das Land, so daß lange Zeit die einzige Überlebensmöglichkeit darin bestand, auf künstlich aufgeworfenen Wohnhügeln zu bauen, den Wurten oder Warften.

Zudem stieg der Meeresspiegel stetig an, und die Marschenbewohner sahen sich gezwungen, nach einer anderen Methode zu suchen, den Fluten zu trotzen. Etwa um die Jahrtausendwende begann man mit dem Bau der Deiche. Diese herkulische Aufgabe mußte gemeinsam bewältigt werden, jeder Mann wurde mit ganzer Kraft gebraucht, so daß scharfe Trennungen zwischen den sozialen Schichten verschwanden: eine Wurzel der friesischen Freiheit.

Um 1060 entstand das friesische Grundgesetz, die „Siebzehn Küren". Statt der vier Stände, die überall sonst in den Sachsengauen existierten, gab es in Friesland nur zwei. Die Freien, die Grund und Boden besaßen, und die „Warftleute", denen gleichfalls die Freiheit der Person und die Gleichheit vor dem Gesetz garantiert wurden.

Friese sein heißt frei sein, niemandem untertan als dem Kaiser in weltlichen und dem Bischof oder dem Papst in geistlichen Dingen. In der Moor-Gegend zwischen Norden und Emden, dem Brokmerland, wurde sogar um 1275 das demokratischste Rechtsbuch des Mittelalters geschrieben, der Brokmer-Brief, der den Einwohnern verbot, Burgen und Steinhäuser zu bauen. So wollte man verhindern, daß sich Macht in uneinnehmbaren Stützpunkten konzentrierte. Ein Ausdruck der Kraft und Stärke ist der Bauerndom zu Marienhafe im Brokmerland, das bedeutsamste Bauwerk des Mittelalters in Ostfriesland.

Die Bauernfreistaaten an der Waterkant unterlagen schließlich im Kampf gegen das Feudalsystem, zumal die Demokratie auch von innen ausgehöhlt wurde, ein Prozeß, der etwa zu der Zeit endete, als auch die Eindeichungen endlich sichtbare Erfolge zeigten. Um 1500 hob der Landgewinn erstmals den Landverlust auf.

Einen Teil der Macht übernahmen allmählich die reichen, grundbesitzenden Familien, angeführt von den Häuptlingen, lokalen Fürsten, die es in jedem Ort gab, und denen sich die sonst gleichberechtigten Gefolgsleute freiwillig unterordneten. Die Wasserburg in Hinte auf der Krummhörn ist ein eindrucksvolles Beispiel dieser neuen „Herrlichkeit", oder die in Pewsum, deren Herren die Manninga waren. Sie mußten freilich ihren Besitz wegen ihrer Verschwendungssucht 1564 an die Familie Cirksena verkaufen. Häuptling Ulrich Cirksena war einhundert Jahre vorher als Reichsgraf über Ostfriesland vom Kaiser belehnt worden. Das Geschlecht starb 1744 aus, und Ostfriesland fiel an Preußen.

Life on the windswept, storm-battered North Sea coast of East Friesland has always been tough. That is why for centuries piracy was a profitable secondary occupation. Up to the 13th century, in accordance with the law of salvage, shipwrecked people became lock, stock and barrel the property of the king. But even after that, it was not unusual for survivors to be killed, for the Frisians wouldn't be stopped from plundering. As an example, the altar, chancel and pietà in the village church on the island of Spiekeroog probably belonged originally to a vessel of the Spanish Armada stranded on the island's coast in 1588.

Not quite so old, but all the more popular today is another East Frisian tradition: tea-drinking. The ceremony has remained unchanged for centuries. First the "Kluntjes," chunky crystals of sugar candy, are placed in the cup, followed by strong tea. This produces a mysterious crackling sound. Finally, a spoonful of cream is poured over the surface of the tea. Those seeking to pass themselves off as experts should refrain from stirring, otherwise the order in which the various flavours are meant to be savoured will be upset: the bitter taste of the leaf tea, followed by the mildness of the cream and finally the sweetness of the candy. Incidentally, rum is not usually drunk with tea, but in grog. The schnaps which the East Frisians take with their passionately-loved tea is a clear one called "Köm".

Long before tea ever reached the East Frisians, the Franks under Pippin and Charles Martell tried to conquer the country between Dollart and Jade. The Frisians, together with the neighbouring tribes from Stedingen and Dithmarschen, defended themselves courageously, and it was Charlemagne who finally succeeded in subjugating them. Even he was unable to protect the inhabitants from the Normans who repeatedly attacked the coast. However, it was not only on account of the pillaging Viking hordes that "King Charles" excused the Frisians from military service.

Another reason were the exertions which the raging waters of the North Sea demanded from the Frisians. Storm tides flooded the land with brutal regularity, so that for a long time the only way to survive was to build dwellings on artificially constructed mounds, known as either a "Wurt" or a "Warft".

Furthermore, the water level was constantly rising and the marsh-dwellers were forced to look for another means of defying the tides. Around the end of the 10th century AD they began building dykes. A Herculean task of this nature demanded the efforts of the whole community, with every man contributing to the utmost of his capacity. This led to the disappearance of sharp divisions between the various social strata. This, in turn, was one of the roots of Frisian freedom.

Frisian basic law, enshrined in the "Seventeen Elections," came into being in around 1060 AD. Instead of the four estates which existed everywhere else in the Saxon tribal districts, in Friesland there were only two: the free-men, who owned the land, and the "Warft" men, who were likewise guaranteed personal freedom and equality before the law.

Being a Frisian means being free, subject to nobody except the Emperor in secular matters and the Bishop or the Pope in spiritual things. It was in the moorland region of Brokmer-land, between Norden and Emden, that the first democratic law book of the Middle Ages was written in around 1275 AD. Known as the Brokmer Letter, this forbade the residents to build fortresses and stone houses. The intention was to prevent the concentration of power in impregnable strongholds. One expression of power and strength is the Bauerndom or Peasants' Cathedral at Marienhafe in the Brokmerland, the most significant mediaeval building in East Friesland.

The free peasant states along the coast eventually lost their battle against the feudal system, especially as democracy was being undermined from within. This process ended around the same time as the dyke enclosures were finally proving a visible success. Around 1500, for the first time, the amount of land reclaimed made up for the amount which had been lost.

Depuis les temps les plus reculés, la vie s'est avérée dure, le long des côtes de la Frise orientale, tourmentées par le vent et la tempête. Aussi la piraterie y fut-elle pendant des siècles une source de revenus accessoires, mais lucratifs. Jusqu'au début du XIIIe, les naufragés étaient dévolus au roi, en vertu du «droit d'épave». Mais il n'était pas rare, à une époque encore récente, que les survivants de bateaux venus s'échouer sur les côtes, soient assommés, car les Frisons n'avaient pas renoncé au pillage. Le retable, la chaire et la piétà de l'église de village de Spiekeroog, par exemple, avaient probablement fait partie, à l'origine, de l'équipement d'un navire de l'armada espagnole, qui, en 1588, vint se briser sur le rivage de l'île.

Il est une autre tradition de la Frise orientale qui, bien qu'un peu moins vieille, jouit aujourd'hui d'une grande popularité et qui consiste à boire le thé d'une façon bien précise. La cérémonie est demeurée immuable à travers les siècles. Les «Kluntjes», morceaux de sucre candi, sont d'abord mis au fond de la tasse, puis on y verse le thé fort, de sorte que de petits crépitements mystérieux se font entendre; ce n'est qu'après cela que l'on dépose délicatement une cuillerée de crème à la surface du thé. Quiconque désirerait passer pour un initié, fera en sorte de ne pas remuer le liquide avec sa cuiller, car le véritable thé frison se reconnaît à la chronologie qui préside à sa dégustation: vient d'abord le goût amer de la décoction des feuilles de thé, puis la suavité de la crème et enfin la saveur du sucre. Nous ferons remarquer que le rhum n'entre pas dans la confection du thé, mais se boit dans le grog. Le «Köm», eau-de-vie de la région, s'emploie dans la boisson chaude dont les Frisons raffolent.

Bien longtemps avant que le thé n'eût fait son apparition en Frise orientale, les Francs à la tête desquels se trouvaient Pépin le Bref et Charles Martel nourrirent l'ambition de conquérir ce pays qui s'étend entre la Dollart et la Jade. Les Frisons et les peuplades voisines, les Stedinger et les Dithmarscher, se défendirent vaillamment avant d'être soumis par Charlemagne. Ce dernier s'avéra poutant incapable de protéger les habitants des invasions des Normands affluant par la mer. Leur mise à sac par les hordes des Vikings n'était pas la seule raison pour laquelle le «Roi Charles» renonça pas à enrôler les Frisons dans ses armées.

Il faut également en voir l'origine dans les combats que les Frisons devaient livrer à une mer du Nord déchaînée, dont les masses d'eaux s'abattaient sur leurs côtes. A intervalles réguliers et avec une brutalité sauvage, les raz de marée submergeaient le pays, de sorte que la seule chance de survie consista, pendant longtemps, à bâtir les maisons d'habitation sur des tertres artificiels, appelés «Wurten» ou «Warften».

En outre, le niveau de la mer ne cessant de s'élever, les habitants des Marches, ces bandes de terre longeant le littoral, durent chercher une autre méthode leur permettant de braver la mer déchaînée. C'est vers la fin du siècle passé que l'on commença à ériger des digues. Cette tâche herculéenne ne pouvant être accomplie qu'en communauté, tous les Frisons furent mis à contribution, ce qui eut pour résultat que le clivage existant entre les couches sociales finit par disparaître. Il faut y voir l'une des racines des libertés frisonnes.

La loi fondamentale que se donnèrent les Frisons vit le jour aux alentours de 1060, et portait le nom de «Siebzehn Küren». Au lieu des quatre ordres qui existaient partout ailleurs dans les provinces saxonnes, la Frise n'en comptait plus que deux: «les paysans libres», propriétaires de leurs terres et les «Warftleute», les habitants des «Warften», à qui l'on garantissait également liberté individuelle et égalité devant la loi.

Etre Frison voulait dire être libre, et n'avoir à obéir qu'à son empereur sur le plan temporel et à son évêque ou au pape dans le domaine spirituel.

C'est dans la région des tourbières, entre Norden et Emden, dans le «Brokmerland», que fut d'ailleurs écrit le «code civil» démocratique du Moyen Age, le «Brokmer-Brief» (la «Lettre de Brokmer»), qui interdisait entre autres aux habitants de construire des châteaux forts ou des maisons de pierres. On entendait ainsi étouffer dans l'œuf tout désir de puissance et toute édification éventuelle de places fortes qui se seraient révélées imprenables. De la cathédrale paysanne de Marienhafe, dans le Brokmerland, l'édifice médiéval le plus important de la Frise orientale, émanent la vigueur et la force propres à cette région et à ses habitants.

Les Confédérations de paysans libres, nées sur les bords de la Mer du Nord, perdirent toutefois la lutte qu'ils avaient entreprise contre le système féodal, la démocratie s'étant vue, d'autre part, minée de l'intérieur. Cette évolution ne prit fin que lorsque la mise en place des digues produisit les premiers résultats concrets. En 1500, les terres conquises sur la mer compensaient enfin les pertes de terrain subies.

Aber Relikte des friesischen Freiheitswillens blieben. Noch Anfang des 19. Jahrhunderts wies der König von Hannover seine Beamten an, den Begriff Untertan gegenüber den Ostfriesen nicht zu benutzen.

Das hannoversche Königshaus verlegte seinen Sommersitz von 1836 an nach Norderney, das im Jahre 1797 zum ersten Nordseebad der deutschen Küste gekürt worden war. Hier traf sich die vornehme Welt, aber auch Geistesgrößen wie Heinrich Heine, Wilhelm von Humboldt, Theodor Fontane und Otto von Bismarck weilten dort. Urkundlich erwähnt wurde Norderney erstmals 1398. Die Insel war vor 2.000 Jahren nicht mehr als eine Sandbank, und hierdurch läßt sich ein weit verbreiteter Irrtum korrigieren. Die Ostfriesischen Inseln sind nämlich keineswegs Festlandreste oder Flecken, die von Sturmfluten abgerissen worden sind.

Wind und Meeresströmungen transportieren ständig Sand und Schlick von Westen nach Osten, und vor nicht allzu langer Zeit bildeten sich dadurch ebene Sandflächen und Düneninseln. Manche Insel ist verschwunden, wie Bant, am Südende des Juister Watt gelegen, und auch die Insel Buise zwischen Juist und Norderney ist untergegangen. Noch um 1800 existierten Reste von ihr. So wandern die Ostfriesischen Inseln auch nicht, sondern sie wachsen. Norderney und Wangerooge von

1739 bis heute um etwa vier Kilometer nach Osten. Trotz dieser Bewegungen finden zahllose Besucher das ganze Jahr über vor allem Ruhe und Erholung auf dieser Inselwelt. Auf Borkum, der größten von ihnen, auf Juist, der schmalsten, auf Norderney und dem winzigen Baltrum, auf Langeoog, wo Lale Andersen, die „Lili Marleen", lebte und begraben liegt, auf Spiekeroog, der „grünen Insel" und auf Wangerooge, das einst russisch war, niederländisch, französisch und oldenburgisch — aber nie ostfriesisch.

Wo das Meer See genannt wird, da werden die Seen in strenger Logik natürlich mit Meer betitelt. Ein Hochmoorsee, zwischen der ostfriesischen „Hauptstadt" Aurich und der „Dollartstadt" Emden gelegen, gilt als der größte und schönste ganz Westeuropas. Das „Ewige Meer" ist tot, und nur so bleibt es am Leben. Weder Tiere noch Pflanzen können in dem nährstoffarmen Wasser existieren, und das verhindert die Verlandung des Sees. Umgeben ist er von ausgedehnten Moorflächen, wo sich seltene Vogelarten wie der Große Brachvogel erhalten haben. Unter Naturschutz steht die Gegend um das Ewige Meer seit 1939.

Den Nationalpark Niedersächsisches Wattenmeer, der die gesamte Küstenzone zwischen Emden und Cuxhaven umfaßt, gibt es hingegen erst seit 1986.

Ein ökologisch wichtiges und empfindliches Feuchtgebiet ist der Dollart, eine Meeresbucht an der Emsmündung. Entstanden ist der Dollart, wie könnte es anders sein, durch eine Reihe von Sturmfluten, die unter anderem über 40 Dörfer und drei Klöster vernichtet haben sollen. Um 1600 begann man damit, das Land zurückzugewinnen. Das Gemisch aus Salzwasser und Süßwasser hat im Dollartgebiet seltene Biotope entstehen lassen, die ständig bedroht sind.

Emden, am Nordrand gelegen, war bis zum Ende des 16. Jahrhunderts, als es seinen wirtschaftlichen Höhepunkt erlebte, vor allem ein Handelszentrum und verfügte über den schiffreichsten Hafen Europas. Erst der Dortmund-Ems-Kanal, der die Stadt mit dem Ruhrgebiet verbindet, brachte dem Emder Hafen wieder einige Bedeutung. Seit kurzem bietet die größte Stadt Ostfrieslands zwei weitere Attraktionen. Henri Nannen, der ehemalige stern-Herausgeber, hat eine Kunsthalle bauen lassen und seine eigene Sammlung gestiftet; Franz Marcs „Blaue Fohlen" grasen hier in architektonisch anspruchsvoller Umgebung. Der andere große Sohn der Stadt ist Otto Waalkes. „Dat Otto Hus" ist voller Kuriositäten und Andenken seiner langen Karriere.

Some power was gradually assumed by the rich, land-owning families, led by chieftains or local princes found in every town and village to whom their followers voluntarily subjugated themselves, though enjoying equal rights in other respects. The moated castle in Hinte in the Krummhörn coastal area near Emden is an impressive example of this new splendour, as is the one in Pewsum, presided over by the Manningas. However, as a result of their extravagance, in 1564 they were forced to sell their property to the Cirksenas. One hundred years before, the Emperor had enfeoffed the chieftain Ulrich Cirksena as Imperial Count over East Friesland. The house of Cirksena died out in 1744, and East Friesland fell to Prussia.

But some remnants of the Frisian desire for freedom remained. As late as the early 19th century the King of Hanover instructed his officials not to use the term "subject" in referring to the East Frisians.

From 1836 onwards the Royal House of Hanover transferred its summer seat to the island of Norderney, which since 1797 had been the first bathing resort on the German coast. Smart society got together here, but intellectual greats like Heinrich Heine, Wilhelm von Humboldt, Theodor Fontane and Bismarck also stayed here for a while. The first documentary mention of Norderney dates back to 1398. Two thousand years ago the island was no more than a sandbank, which enables us to correct a widespread error. For the East Frisian islands are definitely not traces of the mainland or places eroded by storm tides.

The wind and sea currents carry sand and silt from West to East, and before long this brought about the formation of flat expanses of sand and sand-dune islands. Many islands have disappeared, including Bant at the southern end of the Juist mud-flats. The island of Buise between Juist and Norderney has also been submerged. Remains of it could still be seen in 1800. Thus the East Frisian islands are not moving, but growing. From 1739 till now Norderney and Wangerooge have expanded about two and a half miles eastwards.

Despite these changes numerous visitors find above all peace and relaxation on the East Frisian islands all year round. On Borkum, the largest of them, on Juist, the narrowest, on Norderney and tiny Baltrum, on Langeoog, where Lale Andersen, better known as "Lili Marleen," lived and lies buried, on Spiekeroog, the "green island," and on Wangerooge, which has belonged to Russia, the Netherlands, France and Oldenburg, but never to East Friesland.

In a language in which seas are called lakes, it is strictly logical to call lakes seas. A high moorland lake between the East Frisian capital Aurich and Emden on the Dollart Bay is regarded as the biggest and most beautiful in western Europe. The Ewiges Meer or "Eternal Sea" is dead, and this is the only way it stays alive. Neither animals nor plants can live there because of the lack of nutrients in the water, and this has prevented the lake from silting up. It is surrounded by extensive stretches of fen where rare kinds of birds like the great curlew have survived. The area surrounding the Ewiges Meer has been a nature conservation area since 1939.

The Lower Saxon Mud-Flats National Park, embracing the whole coastal zone between Emden and Cuxhaven, was only established in 1986.

The Dollart, a bay on the estuary of the River Ems, is an ecologically important and sensitive wetland area. Unsurprisingly, the Dollart came into being as the result of a series of floods said among other things to have destroyed more than 40 villages and three monasteries. Around 1600 the land began to be reclaimed. The mixture of salt and fresh water has given rise in the Dollart region to rare biotopes which are in constant danger of extinction.

Emden on the northern rim of the bay is mostly known as a Volkswagen town. But up till the end of the 16th century, when it reached its economic zenith, it was known above all as a centre of trade and was visited by more ships than any other port in Europe. It was only with the building of the Dortmund-Ems Canal linking the town with the Ruhr industrial area that the port of Emden regained some of its former significance. Recently the biggest town in East Frisia has begun to offer two further attractions. Henri Nannen, the former publisher of "Stern" magazine, has had an art gallery built here and endowed it with his own collection. Franz Marc's "Blue Foals" graze here in a high-quality architectural environment. The town's other great scion is TV personality Otto Waalkes. "Dat Otto Hus" or "The Otto House" is full of curiosities and mementoes of his career.

Petit à petit, les familles de riches propriétaires terriens, ainsi que leurs chefs de tribus, des princes que l'on trouvait dans chaque localité, et auxquels les vassaux auparavant égaux en droit, se subordonnèrent de leur propre gré, reprirent une partie du pouvoir. Le château de Hinte, sur le «Krummhörn», est un exemple particulièrement saisissant de cette nouvelle «seigneurie» de même que celui de Pewsum, dont les suzerains faisaient partie de la famille des Manninga. En 1564, ils durent toutefois vendre leurs possessions à la famille Cirksena pour avoir dilapidé leur propre fortune. Leur chef, Ulrich Cirksena, qui régnait sur la Frise orientale, avait été inféodé par l'empereur cent ans auparavant et investi des fonctions de «Reichsgraf». Lorsque cette lignée s'éteignit en 1744, le pays échut à la Prusse.

Mais le culte de la liberté continua d'animer les Frisons. Au début du XIXe siècle, le roi de Hanovre donnait encore l'ordre à ses fonctionnaires de ne pas employer le terme de «sujets» à l'égard des habitants de la Frise.

C'est à partir de 1836 que la maison royale de Hanovre transféra sa résidence d'été à Norderney, ville qui, en 1797, avait accédé au rang de première station balnéaire du littoral allemand. C'est là que la société mondaine se donnait rendez-vous, mais des esprits illustres comme Heinrich Heine, Wilhelm von Humboldt, Theodor Fontane et Bismarck y séjournèrent également. Norderney est mentionnée pour la première fois en 1398. Il y a 2000 ans, l'île n'était encore qu'un banc de sable et il nous sera permis, à cet endroit, de corriger une erreur largement répandue. Les îles de la Frise orientale ne sont aucunement des reliquats de terre ferme ou des morceaux de terre emportés par les raz de marée.

Le vent et la mer véhiculent en permanence sable et limon d'ouest en est et c'est ainsi que, il n'a pas longtemps de cela, se formèrent des surfaces sablonneuses et des îles. Certaines de ces îles ont disparu, comme Bant, située en bordure sud du Watt de Juist, de même que celle de Buise, entre Juist et Norderney, qui fut engloutie par la mer. Des restes de cette dernière existaient encore en 1800. Les îles de la Frise orientale ne sont pas non plus mouvantes, mais elles ne cessent de s'étendre en surface. De 1739 à nos jours, Norderney et Wangerooge ont ainsi gagné quatre kilomètres sur leur face est.

En dépit de ces mutations, d'innombrables visiteurs viennent, toute l'année, chercher détente et repos sur les îles de la Frise orientale. A l'île de Borkum, la plus étendue de toutes, à Juist, la plus étroite, à Nordeney, sur le minuscule îlot de Baltrum, à Langeoog où est enterrée Lale Andersen, qui «fut» Lili Marleen, à Spiekeroog, l'«île verte» ou à Wangerooge, qui appartint autrefois à la Russie, puis aux Pays-bas, à la France et au duché d'Oldenburg — mais ne faisait jamais partie de la Frise orientale.

Là où la mer est appelée «See»,(qui veut également dire «lac»), les lacs portent, bien entendu, le nom de «mer», selon une logique on ne peut plus rigoureuse. Une «mer» de ce genre s'étend au milieu des tourbières entre Aurich, «capitale» de la Frise orientale, et Emden, ville de la région de la Dollart. Elle passe pour être le plus grand et le plus beau lac d'Europe de l'Ouest. La «Mer éternelle», elle, est bien morte, et c'est précisément ce qui lui permet de survivre. Ni faune ni flore ne peuvent exister dans ses eaux pauvres en substances nutritives, ce qui empêche son dessèchement. Elle est entourée de tourbières de vastes dimensions, où l'on trouve des espèces d'oiseaux devenues rares, tel le grand courlis. La région entourant la «Mer éternelle» a été déclarée zone naturelle protégée en 1939. Le «Nationalpark Niedersächsisches Wattenmeer» englobant l'ensemble du littoral entre Emden et Cuxhaven, n'existe, lui, que depuis 1986.

La Dollart, une baie que dessine la mer près de l'embouchure de l'Ems, est un marais aussi important sur le plan écologique qu'il est vulnérable. Il s'est formé — comment aurait-il pu en être autrement — à la suite d'une série de raz de marée qui, dit-on, aurait également englouti plus de 40 villages et trois abbayes. En 1600, on entreprit de regagner le terrain perdu. La combinaison d'eau salée et d'eau douce a fait naître dans la région du Dollart, des biotopes de nature exceptionnelle mais aussi très fragiles.

Emden, aux confins nord de cette région, connue avant tout pour les usines Volkswagen fut une place commerciale jusqu'à la fin du XVIe siècle, époque où elle connut son apogée. Elle disposait du port le plus fréquenté de toute l'Europe. Ce n'est qu'après le creusement du canal de Dortmund à l'Ems reliant cette ville au bassin de la Ruhr, que le port d'Emden connut un certain regain d'importance. Depuis peu, la plus grande ville de Frise orientale s'enorgueillit de deux attractions supplémentaires. Henri Nannen, ex-éditeur du magazine Stern y a fait construire un musée auquel il a fait don de sa propre collection. Désormais, les «Poulains bleus» du peintre Franz Marc y broutent l'herbe dans un cadre très stylé. Le second «fils» de cette ville est Otto Waalkes. «Dat Otto Hus», la «Maison d'Otto» est pleine de curiosités et de souvenirs évoquant la longue carrière de ce fantaisiste allemand.

Norderney gilt als die vornehmste der Ostfriesischen Inseln. Dichter besangen von hier aus das Meer (Heinrich Heine), Könige machten Ferien (Hannovers König Georg V.), und der preußische Marschall Gebhard Leberecht Blücher erholte sich von den Strapazen von Waterloo. Heutzutage entspannt man sich in den bunten Strandkörben, die Schutz vor der steifen Nordseebrise bieten. Und für alle, die es luxuriös mögen, gibt es Hotels in schöner Seebäder-Architektur.

Norderney is said to be the most elegant of the East Frisian Islands. Here poets like Heinrich Heine sang of the sea, monarchs like King George V of Hanover spent their holidays, and the Prussian Marshal Gebhard Leberecht Blücher recovered from the exertions of the Battle of Waterloo. Nowadays you can relax in colourful wicker beach chairs, which provide shelter from the stiff North Sea breeze. For those who are fond of luxury there are the hotels with their attractive seaside resort architecture.

Norderney est la grande dame parmi les îles de la Frise orientale. De son rivage, les poètes ont chanté la mer (Heinrich Heine), des rois y séjournèrent (George V de Hanovre), de même que le maréchal prussien Gebhard Leberecht Blücher, venu s'y reposer de l'éreintante bataille de Waterloo. Protégés du vent frais soufflant d'ouest, on se repose aujourd'hui dans les corbeilles de plage multicolores. Qui aime le luxe, y trouvera de beaux hôtels à l'architecture typique des stations balnéaires.

Am Ortseingang von
Greetsiel, dem malerischen
ostfriesischen Hafenort mit
seinen reizvollen Giebel-
häusern aus dem 17. Jahr-
hundert, liegen die be-
kanntesten Windmühlen
Deutschlands. Die hier ab-
gebildete ist die östliche
der sogenannten Zwillings-
mühlen, die im Jahre 1856
erbaut wurde. Die Hollän-
dermühle mit Galerie ist
noch windgängig und
kann besichtigt werden.
Ihre ältere Schwester aus
dem Jahre 1706 beherbergt
eine Teestube, in der man
sich genüßlich ausruhen
kann.

Germany's best-known
windmills, the "twin
mills," stand at the
entrance to the village of
Greetsiel. The picture
shows the easternmost of
the two, built in 1856.
This Dutch mill, with its
gallery, is still working and
is open to visitors. Its
older sister, dating back to
1706, houses a tearoom
where you can relax over a
delicious drink.

C'est à la sortie de Greetsiel que l'on trouvera les
moulins à vent les plus
connus d'Allemagne. Celui
que nous voyons ici se
dresse à l'est de l'ensemble. Il fut construit en
1856 et fait partie des
«Moulins-jumeaux». Le
«Moulin des Hollandais»,
qui s'orne d'une galerie,
est encore mû par le vent
et peut être visité. Sa
sœur aînée, qui vit le jour
en 1706, abrite un salon
de thé où il fait bon se
reposer.

Leuchttürme gehören zum altvertrauten Bild des Marschlandes. Der Pilsumer Leuchtturm wurde, wie viele seiner Brüder, mit einer modernen Lichtanlage ausgerüstet und tut seinen Dienst nun im Automatikbetrieb. Neu hinzugekommen sind hingegen die Windräder, mittlerweile ebenfalls Wahrzeichen der Nordseeküste.

Lighthouses are a traditional feature of the familiar marshland scene. Like many others, Pilsum lighthouse has been modernised and is now unmanned. The wind turbines are a recent addition, but they too have become landmarks of the North Sea coastal region.

Les phares font partie de l'image que l'on a d'ordinaire des pays de la Marche côtière. Comme bon nombre de ses frères, le sémaphore de Pilsum a été équipé d'un dispositif d'éclairage moderne et fonctionne désormais automatiquement. Les éoliennes sont certes une nouveauté dans le paysage, mais elles aussi sont devenues, entretemps, des symboles du littoral de la Mer du Nord.

Taue und Takelagen sind in Neuharlingersiel von feinster Qualität. Das muß so sein in Ostfriesland. Das Seemannsgarn allerdings, das die Fischer abends in den Kneipen spinnen, ist um so fadenscheiniger. Aber wehe, man sagt das laut, dann holt einen der Klabautermann. Auch das ist Friesenrecht.

In Neuharlingersiel the ropes and tackle are of the finest quality, which is the way it has to be in East-Friesland. The yarns which the fishermen spin in the pubs of an evening are threadbare in contrast. But mind you don't let anyone hear you say so, or the bogeyman will come for you. That, too, is part of Frisian justice.

Les cordages et gréements de Neuharlingersiel sont de la plus solide qualité. En Frise orientale, cela va de soi. Les histoires de marin, ourdies par les pêcheurs, le soir, dans les tavernes, sont, elles, cousues de fil blanc. Gare pourtant à celui qui le dirait trop haut; le goguelin, esprit maléfique sorti des flots, pourrait bien venir le chercher. La loi frisonne, c'est aussi cela.

Schon im 12. Jahrhundert war die Missionsstation Helmstedt Bollwerk gegen die heidnischen Wenden und Slawen. Das ist ebenso vergessen wie die Zeit, als hier 1576 die erste Universität des Landes gegründet wurde, an der der große italienische Polyhistor und Ketzer Giordano Bruno lehrte. Helmstedts Mauerblümchendasein war symptomatisch für den Landstrich zwischen Bleckede an der Elbe und Friedland südlich von Göttingen. Denn bis zum Jahr 1989 markierte die Region den niedersächsischen Teil der Grenze zur DDR und trug in Wirtschaftsberichten und Landtagsvorlagen das Stigma „Zonenrandgebiet". Heute ist sie wieder in die Mitte Europas gerückt, mit allen Entwicklungschancen einer solchen Zentrallage.

Das Wendland, an der Elbe zwischen Hitzacker und Schnackenburg, ist eines der letzten wirklichen Naturparadiese Europas − Reservat für Störche, Kraniche, Graugänse und andere seltene Tierarten. Sie fühlen sich in der dünnbesiedelten Marsch genauso wohl wie zugereiste Großstädter in den heimeligen Rundlingsdörfern. Eine Siedlungsform, die die Wenden mitbrachten, als sie sich vor 1.000 Jahren am linkselbischen Ufer niederließen. Ihre reetgedeckten Hallenhäuser, Archetypen des Bauernhauses, sind ohne Zaun und Hof kreisförmig um den Dorfplatz gruppiert. Menschen und Tiere wohnten unter einem Dach, und die Kirche stand − das ist das Besondere − nicht im Rundlingsdorf, sondern blieb außen vor. Dasselbe hoffen die Wendländer auch von der Atommülldeponie, die die Bundesregierung in Gorleben plant. Seit Jahren gärt hier der Widerstand. Denn man fürchtet nicht nur um die Gesundheit, sondern auch um den Fremdenverkehr. Ob im idyllischen Elbfischerstädtchen Schnackenburg oder in Gartow, wo das Wasserschloß des Grafen Bernstorff mit seiner berühmten Arp-Schnitger-Orgel alljährlich zahlreiche Touristen anlockt.

Im Elm-Lappwald hat man solche Probleme nicht. Inmitten lieblicher Mischwälder und grüner Täler stößt der Wanderer immer wieder auf verträumte Schlösser und Burgen. In Königslutter sicherte sich Lothar III. anno 1135 Unsterblichkeit durch sein monumentales Grabmal. Die „Pfarrkirche" braucht Vergleiche mit den Domen in Worms und Speyer nicht zu scheuen. Das bekannteste Kind des Elm wurde jedoch erst zweihundert Jahre später in Kneitlingen bei Schöppenstedt geboren: Till Eulenspiegel. Ehe er im lauenburgischen Mölln sein großes Komikerleben beschloß, wirkte er vor allem in Braunschweig, wo eine reiche Kaufmannsgilde das bevorzugte Ziel seiner anarchischen Späße abgab.

Es gab viel zu tun für den legendären Spaßmacher. Braunschweig war zu dieser Zeit eine der bedeutendsten Städte des Kontinents. Der gewaltige Dom, die Fachwerkviertel um St. Magni, St. Aegidien und St. Michaelis und der wuchtige, heute von Linden und Buchen gesäumte Stadtwall künden von vergangener Pracht und Herrlichkeit. Auf dem mittelalterlichen Marktplatz vor der Burg Herzog Heinrichs I. steht sein Wappentier, der Löwe in Bronze und Gold, die einzige romanische Freiplastik Nordeuropas und Symbol hochfahrenden Welfenstolzes. Heinrich der Löwe trotzte eine Zeitlang selbst dem Kaiser. Bevor ihn sein Vetter Friedrich Barbarossa politisch mattsetzte und auf seine noch heute sehenswerte Burg Dankwarderode verbannte, gründete Heinrich, im Zweitberuf Herrscher von Bayern, die Stadt München, nicht ahnend, daß sie seine Heimatstadt an Bedeutung überflügeln sollte. Braunschweig, heute die zweitgrößte Stadt Niedersachsens, besitzt dafür nicht nur die älteste Technische Universität

As far back as the 12th century AD the missionary station of Helmstedt was a bulwark against the heathen Wends and Slavs. That is just as much a forgotten part of history as the year 1576 when the first university in the land stood here and the great Italian polyhistor and heretic Giordano Bruno taught there. Helmstedt's wallflower existence was typical of the stretch of country between Bleckede on the Elbe and Friedland south of Göttingen. Until 1989 the region marked the Lower Saxon part of the border with the German Democratic Republic and in economic reports and state parliament bills it bore the stigma of a "border area". Now it is once more situated in the centre of Europe, with all the development potential such a central position implies.

Wendland, bordering the Elbe between Hitzacker and Schnackenburg, is one of Europe's last nature paradises, a reserve for storks, cranes, grey geese and other rare birds and animals. They feel just as much at home in the thinly-populated marshland as the big city-dwellers who come here to stay in a cosy "Rundlingsdorf" or circular village. This form of settlement was brought here by the Wends when they settled on the left bank of the Elbe one thousand years ago. Their thatched houses consisting of one large hall are the archetype of all farmhouses. They have no fences and are grouped in a circle around the village green. Humans and animals lived under the same roof. Unusually, the church is not inside the circular village but outside it.

This is the location which the people of Wendland would prefer for the nuclear waste dump the German government is planning to build in Gorleben. Resistance has been seething here for years. People fear not only for their health but also that the dump will harm tourism in the area, whether to the idyllic little Elbe fishing town of Schnackenburg or to the forest of Gartow, where Count Bernstorff's moated castle with its famous Arp Schnitger organ attracts large numbers of tourists every year. There are no such problems in the Elm-Lappwald forest. Amidst lovely deciduous woods and green valleys the hiker stumbles time and again upon dreamy castles and fortresses. In 1135 in Königslutter King Lothar III achieved immortality through his monumental gravestone. The "parish church" needs not shy away from comparison with the cathedrals of Worms and Speyer. However, the best-known son of the Elm was not born until two hundred years later in Kneitlingen near Schöppenstedt. His name was Till Eulenspiegel. Before ending his days in Mölln in Holstein, the jester was active mainly in Brunswick, where a rich merchant guild was the preferred target of his anarchic pranks.

Dès le XIIe siècle, la station de missionnaires d'Helmstedt fit fonction de rempart contre les Wendes et les Slaves paiens. Mais ces temps sont oubliés, tout comme le sont ceux où, en 1576, fut fondée la première université de cette région, université dont Giordano Bruno, grand érudit et hérétique italien, fut un des maîtres. Le fait que Helmstedt soit demeurée à l'écart des grands courants de pensée est symptomatique de cette partie du pays, enclavée entre Bleckede sur l'Elbe et Friedland, au sud de Göttingen. Cette région de la Basse-Saxe qui s'adossait à la RDA et en constituait la frontière était en effet marquée du stigmate de «région périphérique limitrophe de la Zone soviétique», comme on pouvait le lire dans les rapports économiques et les projets de loi de la Diète régionale. Aujourd'hui, elle a réintégré sa place, au centre de l'Europe, et dispose de toutes les possibilités de développement qu'une telle position centrale implique.

Le Wendland, le «Pays des Wendes», qui s'étend le long de l'Elbe entre Hitzacker et Schnackenburg, est l'un des derniers vrais paradis en Europe, constituant une réserve naturelle où se réfugient cygognes, grues, oies grises et autres espèces animales devenues rares. Elles se plaisent dans cette marche à la population clairsemée au même titre que les citadins, qui ont élu domicile dans ses villages de forme circulaire à l'atmosphère si intimiste. Cette forme de lotissement y fut introduite par les Wendes lorsqu'ils vinrent s'établir sur la rive gauche de l'Elbe, il y a un millier d'années. Leurs maisons-halles, recouvertes de chaume, archétypes de la maison rurale, sont groupées autour de la place du village et n'ont ni clôture ni cour. Hommes et bêtes vivaient sous le même toit. Marque de sa singularité: l'église se trouve non à l'intérieur du village mais à l'extérieur de ce dernier. Les habitants du Wendland espèrent qu'il en sera de même de la décharge pour déchets radio-actifs que le gouvernement projette de réaliser à Gorleben. Depuis des années, les opposants à ce projet mènent une lutte acharnée pour empêcher sa mise à exécution. En effet, les habitants ne craignent pas seulement pour leur santé, mais aussi pour le tourisme de cette région, qu'il s'agisse de Schnackenburg, petite ville de pêcheurs de l'Elbe, au caractère idyllique, ou de la forêt domaniale de Gartow, dont le château entouré de douves, appartenant au comte Bernstorff, attire chaque année de nombreux visiteurs en raison de ses célèbres orgues, œuvre de Arp Schnitger.

La forêt d'Elm-Lappwald ignore ces problèmes. Le randonneur qui parcourt ses futaies aux essences diverses ou longe ses vallées verdoyantes trouvera sur son chemin châteaux et forteresses médiévales au charme idyllique. A Königslutter, l'empereur Lothaire III s'assura l'immortalité en se faisant ériger un monumental tombeau, en 1135. L'église abbatiale de cette petite ville n'a pas à craindre la comparaison avec les cathédrales de Worms et de Spire. Le plus illustre des enfants de la région, Till Eulenspiegel, ne devait naître que 200 ans plus tard, à Kneitlingen, près de Schöppenstedt. Ce grandiose bouffon, qui est enterré à Mölln, passa une grande partie de sa vie à Brunswick, où il prit une guilde de riches négociants de la ville pour cible de ses plaisanteries anarchiques.

Le légendaire plaisantin eut d'ailleurs fort à faire, Brunswick étant alors l'une des villes les plus importantes du continent. La puissante cathédrale, les différents quartiers, constitués de maisons à colombages, entourant les églises St-Magni, St-Aegidien et St-Michaelis ainsi que le robuste mur d'enceinte, bordé aujourd'hui de tilleuls et de hêtres, témoignent du faste et de la magnificence de son passé. Sur la place au cachet médiéval, face au château fort du duc Henri Ier, campe le lion en bronze et en or de ses armoiries, la seule sculpture de style roman exposée à l'air libre en Europe du Nord, et le symbole de l'orgueil des Guelfes. Henri le Lion réussit à braver l'empereur pendant un certain temps. Avant

Deutschlands, sondern auch das älteste Museum Europas, die Anton-Ulrich-Galerie mit flämischen und niederländischen Meistern. Internationalen Ruf erworben haben sich auch das alljährlich stattfindende Festival „Theaterformen", das Braunschweiger Filmfest und die herrlichen Flügel, die die Familie Schimmel seit 100 Jahren in traditioneller Handarbeit herstellt.

Die Nachfahren Heinrichs residierten 450 Jahre lang zehn Kilometer südlich der Löwenstadt in Wolfenbüttel. Hier ließ sein Ururururenkel Julius 1609 die erste Zeitung der Welt erscheinen. Der idyllische Ort steht in dem Ruf, die Schatzkammer Niedersachsens zu sein. Nicht nur wegen des Welfenschlosses und der einzigartigen Geschlossenheit des barocken Stadtmarktes. Die kostbare Herzog August Bibliothek galt im 17. Jahrhundert mit 116.000 Bänden als achtes Weltwunder. Seit 1989 liegt hier eines der größten Buch-Kunstwerke des Mittelalters: das Evangeliar Heinrichs des Löwen. Der große Aufklärer und Erneuerer des deutschen Dramas, Gotthold Ephraim Lessing, war bis zu seinem Tode 1781 Vorsteher der Bibliothek und schrieb hier seine Dramen „Emilia Galotti" und „Nathan der Weise".

Besonders wohl gefühlt hat Lessing sich hier allerdings nicht. Der Hof war längst wieder nach Braunschweig gezogen und setzte dem Genie mit Zensurbestimmungen zu: „Ich bin mißvergnügt, ärgerlich, hypochondrisch, und in einem Grade, daß mir noch nie das Leben so zuwider gewesen ist", schrieb er an seine Braut Eva König.

Wolfsburg, nördlich von Braunschweig gelegen, wurde 1938 aus dem Boden gestampft, um den Volkswagen zu produzieren. Schon 1955 lief der millionste Käfer vom Band. Heute arbeitet die Hälfte der Bevölkerung im größten Automobil-Werk Europas — der Volkswagenwerk AG —, das sich über zehn Quadratkilometer am Mittellandkanal hinzieht. Die VW-Stiftung ist die bedeutendste private Wissenschaftsstiftung Europas und finanziert weltweit Künstlerstipendien und Forschungsprojekte.

Salzgitter, das andere Industriezentrum im Süden der Welfenstadt, entstand erst 1942 aus 28 Dörfern und ist Niedersachsens jüngste Kommune. Nach Kriegsende machte man aus den Konzernen P+S, Bosch und MAN den Stahlgiganten Salzgitter AG. Eine richtige Stadt ist Salzgitter trotzdem nicht geworden. In der merkwürdig zersiedelten Gemeinde stehen Schlösser neben Fabrikkomplexen, alte Kirchen neben Hochöfen, und Wohnsilos ragen aus mittelalterlichen Dorfkernen. Inmitten dieser Industrielandschaft blüht — kaum glaublich — der Kurort Salzgitter-Bad, beliebt und viel frequentiert wegen seiner Solequelle.

There was plenty to keep the legendary prankster busy. At that time Brunswick was one of the most important towns in Europe. The massive cathedral, the district around the churches of St Magnus, St Aegidius and St Michael with its half-timbered houses and the solid town ramparts, lined nowadays with lime and beech trees, bear witness to its magnificent and glorious past. On the mediaeval market square, in front of Duke Henry I's castle, stands his heraldic animal, a lion in bronze and gold. This is the only open-air Romanesque sculpture in northern Europe and is a symbol of the ambitious Guelf pride. For a time Henry the Lion even defied the Emperor himself. His cousin Frederick Barbarossa finally put an end to his political ambitions and banished him to his castle in Dankwarderode, still now well worth a visit. Before that, however, Henry, whose second job was ruler of Bavaria, founded the city of Munich, little guessing that it would one day surpass his home town in significance. For its part Brunswick, now the second-largest town in Lower Saxony, boasts the oldest technical university in Germany and the oldest museum in Europe, the Anton Ulrich Gallery, with its paintings by Flemish and Dutch masters. The annual theatrical festival, the Brunswick Film Festival and the magnificent grand pianos which the Schimmel family has manufactured in the traditional manner for the past 100 years have also gained an international reputation for the town.

Henry's descendants resided for 450 years six miles south of Brunswick in Wolfenbüttel. Here in 1609 his great-great-grandson Julius had the world's first newspaper published. The idyllic town has the reputation of being Lower Saxony's treasure-house, and not only on account of the Guelf castle and the unique perfection of the Baroque market-place. In the 17th century the valuable Duke August Library with its 116,000 volumes was regarded as the eighth wonder of the world. Since 1989 it has also housed one of the greatest of all mediaeval books: Henry the Lion's book of the Gospels. Gotthold Ephraim Lessing, staunch supporter of the Enlightenment and German dramatic innovator, was director of the library until his death in 1781 and wrote his plays "Emilia Galotti" and "Nathan the Wise" here.

Not that Lessing particularly liked being here. The court had long since moved back to Brunswick and harassed the genius with censorship regulations. "I am disgruntled, irritable, hypochondriacal, and all to such a degree that life has never seemed so loathsome to me," he wrote to his fiancée Eva König.

Wolfsburg, north of Brunswick, was built virtually overnight in 1938 for the manufacture of Volkswagen cars. The one millionth "Beetle" left the production line way back in 1955. Nowadays half the town's population works in the biggest automobile plant in Europe, Volkswagen, covering an area of almost four square miles beside the Mittelland Canal. The Volkswagen Foundation is the most distinguished private scientific research foundation in Europe and finances art scholarships and research projects worldwide.

Salzgitter, another industrial centre south of Brunswick, was formed in 1942 from 28 villages and is Lower Saxony's newest urban area. After the war the companies of P + S, Bosch and MAN were merged to form the gigantic Salzgitter AG steelworks. Even so, Salzgitter has never developed into a proper town. In this peculiarly scattered community palaces stand beside factory complexes, old churches alongside blast furnaces, and highrise apartment blocks tower over mediaeval village centres. Amazingly, the spa resort of Salzgitter-Bad, popular and much-visited on account of its salt water spring, manages to flourish amidst this industrial landscape.

que son cousin, Frédéric Barberousse, ne l'eût politiquement mis en échec et banni dans son château fort de Dankwarderode (château qui vaut encore la visite), Henri le Lion, duc de Saxe et de Bavière de son second métier, fonda la ville de Munich, ne se doutant pas qu'elle allait, un jour, surpasser sa ville natale en importance. Brunswick, aujourd'hui deuxième ville de Basse-Saxe quant au chiffre de sa population, possède non seulement la plus ancienne Université Technique d'Allemagne, mais encore le plus vieux musée d'Europe, la galerie Anton Ulrich où sont exposés les maîtres de la peinture flamande et néerlandaise. Le Festival «Theaterformen» qui s'y tient chaque année, les Fêtes du Film, ainsi que les magnifiques pianos à queue que la famille Schimmel produit selon un procédé traditionnel de fabrication manuelle ont fondé sa réputation internationale.

Les descendants de Henri le Lion résidèrent pendant 450 ans à Wolfenbüttel, situé à 10 kilomètres au sud de la ville léonine. C'est ici que son arrière-arrière-petit-fils, Julius, fit paraître, en 1609, le premier journal jamais publié au monde. On dit de cette localité d'aspect idyllique qu'elle renferme les trésors de la Basse-Saxe. Non pas seulement parce que l'on y trouve le château des Guelfes et que la Place du Marché, de style baroque, est d'une homogénéité hors pair. Au XVIIe siècle, la précieuse «Herzog August-Bibliothek» passait, avec ses 116.000 ouvrages, pour être la huitième merveille du monde. Depuis 1989, on y trouve l'une des plus importantes œuvres d'art dans le domaine du livre, l'évangéliaire de Henri le Lion. Le grand philosophe des Lumières et réformateur du drame allemand, Gotthold Ephraim Lessing, fut directeur de la bibliothèque jusqu'à sa mort, en 1781, et y écrivit également les drames «Emilia Galotti» et «Nathan le Sage».

Toutefois, Lessing ne semble pas s'y être senti particulièrement à l'aise. La cour, qui s'était réinstallée, depuis longtemps déjà, à Brunswick, tourmentait de sa censure cet esprit de génie. «Je suis d'humeur chagrine, contrarié, hypocondre, à tel point que la vie ne m'a jamais inspiré autant d'aversion», écrivait-il à sa fiancée, Eva König.

La ville de Wolfsburg fut érigée à la hâte, en 1938, aux fins de produire la «voiture du peuple», la fameuse Volkswagen. En 1955, la millionième coccinelle quittait ses chaînes de production. La moitié de la population travaille aujourd'hui dans la plus vaste usine de construction automobile existant en Europe,

la Volkswagen AG, usine qui s'étend sur 10 kilomètres carrés, le long du Mittellandkanal. La «Fondation Volkswagen» est la plus importante fondation scientifique privée en Europe. Elle octroie des bourses à de nombreux artistes et finance des projets de recherche dans le monde entier.

Salzgitter, le second centre industriel, au sud de la ville des Guelfes, n'a vu le jour qu'en 1942 et réunissait alors 28 villages. Elle constitue donc la plus jeune des municipalités de la Basse-Saxe. A l'issue de la guerre, les groupes P+S, Bosch et MAN fusionnèrent, donnant naissance au géant de l'acier qu'est le trust Salzgitter AG. Toutefois, Salzgitter n'est jamais devenue une vraie ville. Dans cette agglomération manquant si curieusement d'homogénéité, les châteaux côtoient les complexes usiniers, de vieilles églises se dressent à côté de hauts-fourneaux et des tours d'habitation dominent des villages au noyau urbain purement médiéval. Et, au cœur de ce paysage industriel s'épanouit − incroyable mais vrai − la station thermale de Salzgitter-Bad, très fréquentée et fort prisée en raison de ses sources d'eau salée.

Welfenherzog Heinrich
Julius errichtete im Jahre
1576 in Helmstedt die
erste Universität im Raum
Niedersachsen. In dem
wunderschönen Spätrenais-
sancebau lehrte der Natur-
philosoph Giordano Bruno.
Glück war weder dem Do-
zenten noch der Lehran-
stalt beschieden. Giordano
Bruno wurde im Jahre
1600 in Rom verbrannt,
das Juleum 1810 geschlos-
sen. Heute befindet sich
hier ein Tagungszentrum.

In 1576 in Helmstedt the
Guelf Duke Heinrich
Julius built the first university in the Lower Saxon
region. The famous philo-
sopher of nature, Giorda-
no Bruno, taught here in
the wonderful late Renaissance building. Luck fa-
voured neither teacher nor
university. Giordano Bru-
no was burnt at the stake
in Rome in 1600, and the
university, known as the
Juleum, was closed in
1810. Nowadays, the
building houses a
conference centre.

Le duc guelfe Heinrich
Julius fit ériger la
première université de la
Basse-Saxe à Helmstedt en
1576. C'est dans ce magnifique bâtiment de la fin de
la Renaissance qu'enseigna
le célèbre naturaliste Giordano Bruno. Mais la for-
tune ne sourit ni au pro-
fesseur ni à cet établisse-
ment d'enseignement
supérieur. Giordano Bruno
mourut sur le bûcher en
l'an 1600 à Rome et le
Juleum fut fermé en 1810.
Il abrite aujourd'hui un
centre de congrès.

Heimelig schmiegt sich das Fischerdörfchen Schnackenburg in die Marsch. An den Ufern der Elbe, entlang der Demarkationslinie zur ehemaligen DDR, konnte eines der letzten großen Naturreservate Europas fast unbeschadet überdauern. Das Paradies für seltene Tierarten und Pflanzen steht heute unter Naturschutz.

The little fishing village of Schnackenburg nestles cosily in the fen. On the banks of the Elbe, along the line which marks the border of the former GDR, one of the largest nature reserves in Europe has survived almost unscathed. A place of refuge for rare animal and plant species, it is now a designated nature conservation area.

Le petit village de pêcheurs de Schnackenburg se blottit au creux de cette contrée de la Marche. Le long de la ligne de démarcation de l'ancienne RDA, sur les rives de l'Elbe, l'une des derniers grandes réserves naturelles d'Europe a ainsi pu être préservée et est demeurée presqu'intacte. Ce refuge où trouvent abri des espèces animales et végétales devenues rares, fait aujourd'hui partie des sites protégés.

„Sturmfest und erd-
verwachsen" seien die Niedersachsen, sagt man. Das
gilt besonders für ihre Be-
hausungen. Die „Nieder-
sächsischen Hallenhäuser"
sind Archetypen des Bau-
ernhauses. Man erkennt
sie am reichverzierten
Fachwerkgiebel und dem
großen Tor in der Mitte.
Eine große Auswahl dieser
wunderschönen Exemplare
steht im Wendland süd-
westlich von Lüneburg.

In the words of the poet,
the Lower Saxons are
"stormproof sons of the
soil." This applies particularly to their dwellings.
The "Lower Saxon hall
houses" are the arche-
typical farmhouse. They
can be recognized by their
richly ornate half-timbered
gables and the large gate
in the middle. There is a
rich assortment of beautiful examples of this type of
building in the Wendland
region south-west of
Lüneburg.

«Inébranlables dans la
tempête et enracinés dans
leur terroir», nous dit le
poète à propos des Bas-
Saxons. Cela vaut tout
particulièrement pour leurs
habitations. Les «maisons-
halles» de Basse-Saxe re-
présentent l'archétype de
la ferme d'Allemagne du
Nord. On les reconnaît à
leurs pignons ornés de
somptueux colombages et
à la grande porte qui
s'ouvre en leur milieu. Un
choix exceptionnellement
riche de maisons de ce
genre, toutes superbes,
peut être admiré dans le
Pays des Wendes, au sud-
ouest de Lüneburg.

Braunschweig, die zweit-
größte Stadt Nieder-
sachsens, war im 11. Jahrhundert eine der mäch-
tigsten Städte des Reiches.
Heinrich der Löwe, Her-
zog von Sachsen und
Bayern, befehdete von hier
aus Kaiser Friedrich Bar-
barossa. Er verlor fast
alles. An ihn erinnern der
bronzene Löwe vor dem
Dom und die Gründung
der Stadt München. Links
der Palas der Burg Dank-
warderode.

In the 11th century Brunswick, the second biggest
city in Lower Saxony, was
one of the most powerful
cities in the Empire. From
here Henry the Lion,
Duke of Saxony and Bava-
ria, feuded with Emperor
Frederick Barbarossa. He
lost almost everything. The
bronze lion in front of the
cathedral serves as a
reminder of him, as does
his founding of the city of
Munich. There are still
arguments between natives
of Brunswick and Bavaria
as to who makes better
beer and tastier sausages.

Brunswick, deuxième ville
de Basse-Saxe, fut, au XIe
siècle, l'une des plus in-
fluentes villes de l'empire.
Henri le Lion, duc de
Saxe et de Bavière, guer-
roya, d'ici même, contre
l'empereur Frédéric Barberousse. Il perdit presque
tout au cours de ces com-
bats. Le lion de bronze,
face à la cathédrale,
évoque ce personnage
historique et rappelle qu'il
fonda la ville de Munich.
Les habitants de Bruns-
wick se querellent au-
jourd'hui encore avec les
Bavarois pour savoir qui
brasse la meilleure bière et
produit les saucisses les
plus succulentes.

Weser und Ems — einige hundert Kilometer liegen zwischen diesen Flüssen, aber insgeheim sind sie miteinander verbunden. Durch ein Naturphänomen, für das es in der ganzen Welt nur ein anderes Beispiel gibt.

Bei Gesmold im Osnabrücker Land, dem Zipfel Niedersachsens, der nach Nordrhein-Westfalen hineinragt, gabelt sich in beschaulicher Landschaft der kleine Fluß Hase, aus dem Teutoburger Wald kommend, und fließt in zwei verschiedenen Richtungen weiter. Die Hase mündet schließlich bei Meppen in die Ems, die Else nimmt ihren Weg gen Osten, fließt bei Löhne in die Werre, die vor der Porta Westfalica in die Weser mündet. Bifurkation nennen die Wissenschaftler solch eine Laune der Natur.

An der Hase war es auch, wo der Überlieferung nach anno 783 die Sachsen unter Widukind ihre letzte Niederlage gegen Karl den Großen erlitten. Der siegreiche Franke gründete um 785 an einer Hasefurt den Bischofssitz, aus dem Osnabrück werden sollte.

In die Geschichtsbücher gelangte Osnabrück neben Münster, als am 25. Oktober 1648 von der Rathaustreppe das Ende des Dreißigjährigen Krieges verkündet wurde. Der Friedenssaal, in dem fünf Jahre lang verhandelt wurde, ist im Originalzustand erhalten. Der Westfälische Friede brachte für die Stadt selbst ein kurioses Ergebnis. Abwechselnd übernahmen nun ein katholischer Bischof und ein evangelischer Prinz aus dem Hause Braunschweig-Lüneburg die Regierung im Bistum Osnabrück.

Neben den prächtigen Kaufmanns- und Bürgerhäusern aus spätgotischer bis klassizistischer Zeit beeindruckt der Dom St. Peter. Der schlanke romanische Nordturm der Westfront stammt aus dem 12. Jahrhundert, der südliche Turm, wuchtiger und massiver, wurde im frühen 16. Jahrhundert hinzugefügt. Der verbindende Mittelteil vereinigt Elemente aus beiden Bauzeiten.

Ähnlich vermischt sind die Stile der Sylvesterkirche in dem von sieben Hasearmen durchflossenen Quakenbrück, das nördlich von Osnabrück im Artland liegt. In der Altstadt stehen wunderbare Fachwerk- und alte Patrizierhäuser, aber leider nur noch wenige Höfe der Burgmannen. Von der Stadtbefestigung ist noch die Hohe Pforte, ein 1485 erbautes Stadttor, erhalten.

Osnabrück liegt am Fuße des Mittelgebirgsstreifens, bildet eine Pforte, die sich in die nordwestliche Tiefebene öffnet, und folgt man den letzten Ausläufern des über 100 Kilometer langen Teutoburger Waldes Richtung Westen bis ins Flachland des niedersächsisch-niederländischen Grenzgebietes, hebt sich steil eine bis zu 110 Meter hohe Rippe aus Sandstein empor. Auf dem schroffen Fels steht das Bentheimer Schloß, das für viele niederländische Genre-Maler, beispielsweise Jacob Ruysdael, zum Idealbild einer Burg wurde. Schloß Windsor in England soll nach dem Bentheimer Modell gebaut worden sein. Im Hof findet sich der „Herrgott von Bentheim", eine Sandsteinfigur aus dem 12. Jahrhundert, die auf merkwürdige Weise christliche und heidnische Motive in sich verbindet.

Fehn, Feen, Veen, Venn, egal, wie man's schreibt oder spricht, gemeint sind mit diesen niederdeutschen Wörtern die großen Moore, die bis heute den Charakter und die Geschichte des Emslands bestimmen. Unberührt von Menschenhand, wie noch in den 50er Jahren beispielsweise das Bourtanger Moor entlang der deutsch-niederländischen Grenze, ist heute keines mehr. Besonders seit dem „Reichssiedlungsgesetz" von 1919 wurden weite Flächen systematisch kultiviert, zumal auch Erdölvorkommen entdeckt worden waren.

Unmittelbar nach der Machtübernahme 1933 richteten die Nationalsozialisten im Emsland mehrere Konzentrationslager ein, deren Häftlinge, die sich selbst die „Moorsoldaten" nannten, der brutalsten Willkür ausgesetzt waren. Der Nobelpreisträger Carl von Ossietzky, Gefangener im KZ Esterwegen, starb nach seiner Entlassung an den Folgen der Haft. Die Universität in Oldenburg trägt seit 1991, nachdem sie lange dafür streiten mußte, seinen Namen.

Die wenigen noch relativ unversehrten Moor-Landschaften werden heute weitgehend geschützt, denn hier haben selten gewordene Pflanzen- und Tierarten überlebt, die sonst nirgends mehr zu finden sind, vom Lungenenzian bis zum Zypressenbärlapp, Kraniche sowie Unken, Kröten und Nattern.

Als eine „Geestinsel im weiten Moor" zeigt sich der Hümmling nordöstlich von Meppen, wo Hase und Ems zusammenfließen.

Ganz einfach läßt sich ein Besuch des Hümmling zur Zeitreise verwandeln, indem man zuerst die zahlreichen Hünengräber aufsucht, Zeugen der Besiedlung des Gebietes während der Steinzeit, und sich dann nach Sögel wendet. Dort steht ein Kleinod des Spätbarock, ein Gruß Frankens an den Norden Deutschlands, das Jagdschloß Clemenswerth. Das zweigeschossige Schloß wird sternförmig umkränzt von acht eingeschossigen Pavillons,

Though they are a considerable distance apart, the Rivers Weser and Ems are secretly connected with each other as the result of a natural phenomenon of which there is only one other example in the whole world.

Near Gesmold in the Osnabrück region, the tip of Lower Saxony which juts out into North Rhine-Westphalia, the little River Hase, emerging from the Teutoburg Forest, forks amidst a tranquil landscape and flows on in two different directions. The Hase ultimately flows into the Ems at Meppen, while the Else makes its way eastwards, flowing into the Werre at Löhne. The Werra in turn flows into the Weser just in front of the Porta Westfalica. Scientists call such whims of nature bifurcation.

It was on the Hase too where, tradition has it, in 783 AD the Saxons under Widukind suffered their last defeat at the hands of Charlemagne. In around 785 AD, by a ford across the Hase, the victorious king of the Franks founded the diocesan town which was later to become Osnabrück.

Osnabrück entered the history books alongside Münster when the end of the Thirty Years' War was announced from its town hall steps on 25 October 1648. The Friedenssaal, or Hall of Peace, the scene of five long years of negotiations, has been preserved in its original condition. The Treaty of Westphalia had an odd consequence for the town itself. From then on a Roman Catholic bishop and a Protestant prince of the house of Brunswick-Lüneburg took it in turns to govern the diocese of Osnabrück.

Apart from the splendid merchants' houses and town residences dating from the Late Gothic to Classical epochs, the town's most impressive building is St Peter's Cathedral. The slender Romanesque north tower on the west front dates from the 12th century, whilst the massive, more substantial south tower was added in the early 16th century. The central section which links them combines elements of both periods.

There is a similar mixture of styles in St Silvester's Church in Quakenbrück, a town criss-crossed by seven arms of the Hase, situated north of Osnabrück in the Artland. In the Altstadt there are some wonderful half-timbered and patrician houses, but sadly only a few of the old Burgmannenhof buildings remain. Of the town fortifications the Hohe Pforte or High Gateway, a town gate built in 1485, has been preserved.

Osnabrück lies at the foot of the Mittelgebirge or central mountain chain, forming a kind of gateway onto the north-west German plain. Following the line of the last foothills of the Teutoburg Forest towards the West as far as the flat countryside of the border region of Lower Saxony and Holland, one comes across a steep 350-feet-high sandstone ridge. On top of the rugged rocks stands the castle of Bentheim. For many Dutch genre painters, including for example Jacob Ruysdael, this came to represent the ideal of a castle. Windsor Castle in England is said to have been built on the Bentheim model. In the castle courtyard stands the "Lord God of Bentheim," a 12th-century sandstone figure displaying a peculiar combination of Christian and heathen motifs.

Fehn, Feen, Veen, Venn: no matter how these Low German dialect words are spelt or pronounced, they all refer to the great fenlands which to this day determine the character and history of the Emsland region. Up until the 1950s some parts like, for example, Bourtang Fen on the German-Dutch border, remained untouched by human hand, but this is no longer true of any of the fens. Particularly since the "Reichssiedlungsgesetz" or "Imperial Settlement Act" of 1919, large areas have been systematically cultivated, in addition to which oil reserves have also been discovered.

Immediately on coming to power the National Socialists established several concentration camps in the Emsland region. The prisoners in these camps, who called themselves the "fenland soldiers," were subjected to the most brutal tyranny. Nobel prize winner Carl von Ossietzky, a prisoner in Esterwegen concentration camp, died after his release due to the effects of his imprisonment. Since 1991 the University of Oldenburg, after a long struggle, has been permitted to bear his name.

The few remaining relatively unspoiled areas of fenland are nowadays for the most part nature conservation areas, for here rare kinds of plants and animals no longer found elsewhere have survived, including marsh gentians and club moss, oyster catchers and cranes, toads and adders.

Weser et Ems — cent kilomètres séparent ces deux cours d'eau, bien qu'ils soient reliés en vertu d'un phénomène naturel dont il n'existe qu'un seul autre exemple au monde.

Issue du Teutoburger Wald, la petite rivière Hase se scinde au beau milieu d'un paysage paisible, près de Gesmold dans le «Osnabrükker Land» — ce coin de la Basse-Saxe qui s'imbrique dans la Rhénanie-Westphalie — pour continuer de couler dans deux directions différentes. La Hase se jette finalement dans l'Ems aux environs de Meppen, tandis que l'Else poursuit son chemin en direction de l'est, et se marie peu après avec la Werre à Löhne, rivière qui, elle, conflue avec la Weser face à la Porta Westfalica. Les scientifiques appellent «bifurcation» ce genre de caprice de la nature.

Si l'on en croit la tradition, c'est également sur les bords de la Hase que, en 783, les Saxons, menés par Widukind, subirent une dernière défaite qui leur fut infligée par les troupes de Charlemagne. Sortis vainqueurs de cette bataille, les Francs fondèrent, aux environs de 785, le siège de l'évêché qui deviendra plus tard Osnabrück, sur l'emplacement d'un gué enjambant la Hase.

Osnabrück fit son entrée dans les livres d'histoire, à côté de Münster, lorsque la fin de la guerre de Trente Ans fut proclamée de l'escalier de l'hôtel de ville, le 25 octobre 1648. La Friedenssaal (Salle de la Paix), où se tinrent les négociations cinq ans durant, a été conservée dans l'état où elle se trouvait à l'origine. La Paix de Westphalie eut, pour la ville, un curieux résultat: L'évêque catholique et le prince protestant se relayèrent pour assurer la gouverne de l'évêché d'Osnabrück.

En dehors des superbes maisons de patriciens et de négociants, dont les styles vont du gothique tardif au néo-classicisme, la cathédrale St-Pierre retiendra tout particulièrement l'attention. La fine tour romane, au nord-ouest, date du XIIe siècle, la tour de la face sud, trapue, vint se greffer sur l'ensemble au XVIe siècle. La partie médiane, les réunissant, présente des éléments des deux périodes de construction.

L'église Saint-Sylvestre de la petite ville de Quakenbrück, au nord d'Osnabrück, dans l'Artland, région drainée par de sept ramifications de la Hase, est, elle aussi, typique de ce mélange de styles. Sa vieille ville renferme de superbes maisons à colombages et d'anciennes maisons patriciennes, mais hélas peu de fermes ayant appartenu aux vassaux. Du mur d'enceinte, il ne reste plus que la Haute Porte, (Hohe Pforte), érigée en 1485.

Osnabrück s'étend au pied du Mittelgebirge, constituant une porte qui s'ouvre, au nord-ouest, vers la plaine basse de l'Allemagne du Nord. Si l'on suit le tracé des derniers contreforts du Teutoburger Wald, qui s'étend sur plus de 100 kilomètres, en allant vers l'ouest jusqu'à la plaine délimitant la Basse-Saxe et les Pays-Bas, on découvrira une arête de grès qui s'élève à pic et atteint 110 mètres de hauteur. C'est sur cette formation rocheuse que se dresse le château de Bentheim, qui, pour de nombreux peintres de genre hollandais, pour Jacob Ruysdael, par exemple, était le symbole même du château fort. On prétend que les bâtisseurs du château de Windsor se sont inspirés de Bentheim. Dans la cour, on remarquera le «Seigneur de Bentheim», une statue de grès datant du XIIe siècle, où viennent étrangement se mêler motifs chrétiens et païens.

«Fehn, Feen, Veen, Venn» peu importe la façon dont on lit ou écrit ce vocable bas-allemand, il s'applique en tout cas aux vastes tourbières qui, jusqu'à nos jours, ont déterminé le caractère et l'histoire du Pays d'Ems. Aucune n'est demeurée à l'état vierge, ce qui était encore le cas, dans les années 50 du Bourtanger Moor, qui s'étend le long de la frontière germano-néerlandaise. Après l'adoption, en 1919, de la «Reichssiedlungsgesetz», de vastes surfaces furent systématiquement mises en valeur, d'autant qu'on y avait découvert des gisements de pétrole.

Immédiatement après la prise de pouvoir, les national-socialistes de l'Emsland érigèrent des camps de concentration, dont les prisonniers — qui se nommaient eux-mêmes «soldats des tourbières» — étaient exposés à une forme d'arbitraire des plus barbares. Carl von Ossietzky, titulaire du Prix Nobel et prisonnier du camp de concentration d'Esterwegen, mourut des suites de son internement, après sa mise en liberté. L'université d'Oldenburg porte son nom depuis 1991, mais dut longtemps se battre pour l'obtenir.

Les rares marécages encore relativement intacts ont été déclarés zones protégées. En effet, des variétés de plantes et des espèces animales devenues si rares qu'on ne les trouve nulle part ailleurs, y ont survécu, de la gentiane pulmonaire au lycopode des cyprès, de l'huîtrier-pie à la cygogne, en passant par les crapauds et les couleuvres.

welche die Wirtschaftsräume beherbergten. Auch ein noch heute existierendes kleines Kapuzinerkloster im Rokokostil gehört zum Ensemble. Park-Alleen führen von allen Seiten auf den zentralen Bau zu.

Ein seltsames Bauwerk steht auch noch am Südostrand des Hümmling: Die Hüvener Mühle ist so konstruiert, daß gleich zwei Elemente, der Wind und das Wasser, sie antreiben können.

Östlich des Hümmling schließt sich das Oldenburger Münsterland an, ein landwirtschaftlich intensiv genutztes Gebiet, das geprägt ist von weitläufigen Ackerflächen und der Viehzucht. In Cloppenburg allerdings hat man die Uhr angehalten, und ein Museumsdorf, das Niedersächsische Freilichtmuseum Cloppenburg, erinnert an alte Zeiten. Aus allen Teilen des Landes wurden Bauernhäuser, Scheunen, Mühlen, sogar eine Schule und eine Kirche, hierher versetzt.

Die Stadt Oldenburg, im Jahre 1108 als „Aldenborg" erstmals erwähnt, gehörte mehr als einhundert Jahre lang zu Dänemark, bis die Grafschaft 1773 zum Herzogtum erhoben wurde. Später wurde Oldenburg Großherzogtum, von 1919 an bis 1946 dann Landeshauptstadt des Freistaates Oldenburg. Im Zweiten Weltkrieg nahezu unzerstört, sind zahlreiche klassizistische Bauten erhalten, in dieser Häufung für Niedersachsen ungewöhnlich. Beispiele sind die Neue Wache, der Innenraum der Stadtkirche St. Lamberti und die Kollegien- und Kammergebäude gleich nebenan.

Westlich von Oldenburg liegt das Ammerland rund um das Zwischenahner Meer, den drittgrößten Binnensee Niedersachsens. Zum traditionellen Räucheraal-Essen genehmigt man sich hier den Löffeltrunk, wobei der Korn wie Medizin aus einem Zinnlöffel getrunken wird.

Die Bauern des Stedinger Landes, das seit dem 12. Jahrhundert besiedelt war, stritten tapfer gegen die Oldenburger Grafen. Freiheitsliebe und Kampfbereitschaft der Stedinger waren gleichermaßen groß. Doch als Kirche und Obrigkeit sich verbündeten, kam es 1234 zur Schlacht von Altenesch. Der Papst höchstpersönlich hatte zum Kreuzzug aufgerufen. Und die freie Bauernrepublik wurde vernichtet.

Aus der Kriegsbeute wurde das Zisterzienser-Kloster Hude am Rande des Hasbruchs großzügig bedacht. Ausgestattet mit soviel Reichtum ging man daran, eine prächtige Klosteranlage zu bauen, die ähnlich angelegt war wie die von Loccum. Der wirtschaftliche Aufschwung brachte den Mönchen Besitztümer in Bremen, Schwei, Oldenburg und Wildeshausen. Doch fast genau 300 Jahre nach der Gründung war es mit der Herrlichkeit vorbei. Anno 1533 verließen die letzten Mönche das Kloster Hude, und die Gebäude wurden zum Steinbruch erklärt.

Die Ruine des Klosters, teils zugewachsen, teils freigelegt, wirkt heute wie ein ins Dreidimensionale erweitertes Gemälde von Caspar David Friedrich. Romantische Sehnsucht und Melancholie haben hier ein Sinnbild aus Mauerwerk und Gestrüpp gefunden. Zudem haben sich im Hasbruch noch einige Hektar Märchenwald erhalten: bis zu 1.200 Jahre alte Eichen, buchstäblich wahre Greise also.

Südöstlich von Oldenburg erstreckt sich die Wildeshauser Geest, ein beliebtes Erholungsgebiet. Wildeshausen war einst vermutlich ein Herrenhof in Widukindischem Familienbesitz. Widukinds Enkel Waltbert gründete hier im Jahre 851 ein Stift. Zu den ersten, die hier einzogen, gehörte der heilige Alexander, genauer gesagt, seine Gebeine ließ Waltbert als Reliquie von Rom nach Wildeshausen bringen. Davon berichtet eine der ältesten deutschen Geschichtsquellen, die „Translatio Alexandrii". In der ehemaligen Stiftskirche St. Alexander, einer schönen dreischiffigen Backsteinbasilika, die etwa zur Mitte des 13. Jahrhunderts fertiggestellt wurde, kann man sich auf einem sandsteinernen Sitz die Leviten lesen lassen.

Denkmäler aus der Vorgeschichte sind bei Visbek zu bestaunen: die enormen megalithischen Steinsetzungen und Gräberfelder aus der späten Bronzezeit. Am bekanntesten sind die schätzungsweise 500 Hügelgräber in der Heidelandschaft bei Pestrup. Aus der Vogelperspektive sehen sie in der Spätsommersonne aus, als seien sie aus Bronze getrieben.

The Hümmling, north-east of Meppen, where the Rivers Hase and Ems meet, is a veritable "island of moor in the wide open fen". A visit to the Hümmling can easily turn into a journey back in time, as one first seeks out the numerous megalithic graves, witness to the settlement of the region during the Stone Age, and then makes one's way to Sögel to visit the hunting castle of Clemenswerth, a gem of Late Baroque architecture, a little piece of Franconia in the North of Germany. The two-storeyed castle is surrounded by eight single-storeyed pavilions in a star formation. These housed the work areas and a small Rococo-style Capuchin monastery which still survives today. From all sides, tree-lined avenues lead through the park to the central building.

There is another unusual building still surviving on the south-eastern edge of the Hümmling. This is the mill at Hüven, which is constructed in such a way that it can be driven by both wind and water.

To the east the Hümmling adjoins the Oldenburg Münsterland. This is a region of intensive agriculture, characterised by extensive areas of arable land and cattle breeding. In Cloppenburg, though, time has stood still and a museum village, the Lower Saxon Open-Air Museum of Cloppenburg, serves as a reminder of older days. Farmhouses, barns, mills, even a school and a church, have been brought here from all over the state.

For over a hundred years the town of Oldenburg, first mentioned as "Aldenborg" in 1108, belonged to Denmark, until in 1773 it was elevated to the status of duchy. It later became a grand duchy, and then from 1919 to 1946 capital of the Free State of Oldenburg. It survived World War II almost untouched, and, unusually for Lower Saxony, a large number of Classical buildings have been preserved. These include the Neue Wache or New Guardhouse, the interior of the parish church of St Lambertus and the adjoining buildings.

West of Oldenburg lies the Ammerland region, centred round Lake Zwischenahn, Lower Saxony's third-largest lake. Here, to accompany the traditional dish of smoked eel, people like to indulge in a "Löffeltrunk" or

"Spoon Drink," which involves drinking schnaps like medicine from a pewter spoon. The peasants of the Stedingen region, inhabitated since the 12th century, fought bravely against the Counts of Oldenburg. The local people's love of freedom was equalled by their willingness to fight. But the alliance of nobility and church culminated in the Battle of Altenesch in 1234. The Pope himself had called on people to join the crusade. And the free peasant republic was destroyed.

The Cistercian Monastery of Hude on the edge of the Hasbruch forest benefited substantially from the spoils of war. Equipped with so many riches, the monks set out to build a magnificent monastery complex on a similar model to the one at Loccum. This economic boom brought the monks possessions in Bremen, Schwei, Oldenburg and Wildeshausen. But almost exactly 300 years after the monastery was founded, its glory days came to an end. In 1553 the last monks left the Monastery of Hude and the buildings were declared a stone quarry.

Nowadays the partly overgrown, partly bare stone monastery ruins look like a three-dimensional version of a Caspar David Friedrich painting. Romantic longing and melancholy are symbolised here in stone. Moreover, in the Hasbruch a few acres of fairy-tale forest have survived. Some of the oak trees here are up to 1,200 years old. And that's really old. South-east of Oldenburg stretch the Wildeshausen moorlands, a popular recreation area. Wildeshausen was probably once a manor house owned by the family of Widukind. In 851 AD, Widukind's grandson founded a seminary here. Among the first people to move in there was St. Alexander. More precisely, Waldbert had the saint's relics brought from Rome to Wildeshausen. We know of this from one of the oldest German historical sources, the "Translatio Alexandrii". In the former monastery church of St Alexander, a beautiful triple-naved brick basilica completed around the middle of the 13th century, you can sit on a sandstone pew to listen to the sermon.

Prehistoric monuments to visit include the enormous megalithic stone setts near Visbek and late Bronze Age burial grounds. Best known are the estimated 500 burial mounds in the heathland near Pestrup. Viewed from a distance in the late summer sunshine, they themselves seem to be made of bronze.

«Ile sablonneuse du Geest au cœur des vastes tourbières», ainsi se présente le Hümmling, au nord-est de Meppen, où confluent la Hase et l'Ems. Faire la visite du Hümmling revient à entreprendre un voyage à travers le temps, à condition de commencer par les nombreuses tombes mégalithiques, témoins de la colonisation de cette région à l'âge de la pierre et de se rendre, ensuite, à Sögel. On y trouvera en effet un joyau de la fin du baroque, hommage de la Franconie à l'Allemagne du Nord: le château de chasse de Clemenswerth. Huit pavillons d'un étage, hébergeant les communs, mais aussi une petite abbaye de l'ordre des Capucins, construite dans le goût rococo, encerclent cet édifice de deux étages, adoptant une forme octogonale. Les allées du parc convergent vers le bâtiment central. Un singulier bâtiment se dresse en bordure sud-est du Hümmling: Le moulin d'Hüven qui est construit de telle façon que deux éléments à la fois peuvent le faire tourner, l'eau et le vent.

A l'est, le Hümmling s'adosse au Oldenburger Münsterland, région à vocation agricole où se pratique une culture intensive et qui est caractérisée par de vastes surfaces de labours. On s'y consacre également à l'élevage. A Cloppenburg le temps semble avoir suspendu son vol: un musée, le Niedersächsisches Freilichtmuseum Cloppenburg (Musée à ciel ouvert), évoque les temps passés. Des fermes, des granges, des moulins, de même qu'une école et une église, issus de tous les coins du pays, y ont été reconstitués.

La ville d'Oldenburg, mentionnée pour la première fois sous le nom d'«Aldenborg» en 1108, appartint au Danemark pendant plus de cent ans, jusqu'à ce que le comté devînt duché, en 1773. Plus tard Oldenburg sera érigé en grand-duché et deviendra capitale de l'Etat libre d'Oldenburg pour le rester de 1919 à 1946. Ayant échappé aux destructions de la Seconde guerre mondiale, de nombreux édifices datant de la période néo-classique y sont encore en bon état de conservation, fait plutôt inhabituel en Basse-Saxe. C'est le cas, par exemple, de la Neue Wache, de l'intérieur de l'église St. Lamberti ainsi que des bâtiments collégiaux et administratifs attenants.

A l'ouest d'Oldenburg, s'étend l'Ammerland tout autour du lac Zwischenahner Meer, le troisième en surface que compte la Basse-Saxe. Le traditionnel repas au cours duquel on mange de l'anguille fumée, s'accompagne d'une rasade de «Korn», eau-de-vie de cette région, bue dans une cueiller en étain.

Les paysans du Stedinger Land, région colonisée dès le XIIe siècle, luttèrent courageusement contre les comtes d'Oldenburg. Le culte de la liberté des habitants de cette région était aussi profond que leur combativité était ardente. Et, lorsque l'Eglise et les autorités s'allièrent contre eux, on assista à la Bataille d'Altenesch. Le pape en personne avait appelé à la croisade, de sorte que la république paysanne libre fut bientôt réduite à néant.

Les moines cisterciens de Hude, en bordure du Hasbruch, reçurent une bonne partie du butin de guerre et, forts d'une telle richesse, édifièrent un superbe monastère, semblable à celui de Loccum. L'essor économique qui s'ensuivit, permit aux moines d'acquérir des biens à Brême, Schwei, Oldenburg et Wildeshausen. Mais, presque 300 ans après sa fondation, toute la magnificence avait disparu. En 1533, les derniers moines quittèrent le monastère de Hude et les bâtiments servirent par la suite de carrière de pierres.

Les ruines du monastère, en partie envahies par la verdure, en partie mises à jour donnent aujourd'hui l'impression de se trouver face à un immense tableau, à trois dimensions, sorti de l'atelier de Caspar David Friedrich. Nostalgie romantique et mélancolie viennent se concrétiser ici, épousant la forme des murailles et des herbes folles. Cette région du Hasbruch a su préserver quelques hectares d'une forêt enchanteresse. De très vieux chênes — certains ont presque 1.200 ans — s'y dressent, véritables patriarches.

Au sud-est d'Oldenburg s'étend le Wildeshauser Geest, une zone de détente fort appréciée. A l'origine, Wildeshausen fut probablement une demeure seigneuriale ayant appartenu à la famille de Widukind. Le petit-fils de ce dernier, Waltbert, y fonda un couvent, en 851. L'un des premiers à y entrer fut Saint-Alexandre ou plus exactement ses ossements que Waltbert fit transférer de Rome à Wildeshausen pour qu'ils y soient conservés à titre de reliques. C'est ce que nous rapporte l'une des plus anciennes sources historiques allemandes, la «Translatio Alexandrii». Dans l'église conventuelle St-Alexandre, superbe basilique à trois nefs, achevée au milieu du XIIIe siècle environ, on peut se faire morigéner en lisant les inscriptions gravées sur le banc de grès du chapitre.

Près de Visbek, on admirera les énormes blocs de pierre mégalithiques ainsi que les champs de tombes datant de l'âge du bronze, témoins de la période préhistorique. Les plus connus sont les quelque 500 tumulus qui se dressent dans les landes de bruyère, près de Pestrup. Vu d'en haut, sous le soleil de la fin de l'été, on pourrait croire qu'ils sont coulés dans le bronze.

Auf steilem Fels hoch über der Stadt dräut Schloß Bentheim – ein Bild wie aus dem Märchenbuch. Entstanden im 13. Jahrhundert, wurde die Burg 300 Jahre später zur weiträumigsten Schloßanlage Niedersachsens ausgebaut und avancierte zum beliebten Motiv für die klassische Schule der niederländischen Landschaftsmaler. Vor allem Jacob van Ruysdael bannte es häufig auf die Leinwand. Im Innenhof ist der „Herrgott von Bentheim" zu besichtigen, ein Sandsteinkreuz aus dem 12. Jahrhundert.

On a steep rocky crag high above the town looms the castle of Bentheim—a storybook picture. First built in the 13th century, 300 years later the castle was extended into the most expansive castle complex in Lower Saxony, and became a favourite motif for the classical school of Dutch landscape painters. Jacob van Ruysdael, above all, painted it frequently. In the inner courtyard stands the "Lord God of Bentheim," a Romanesque sandstone cross.

De son rocher tombant à pic, le château de Bentheim domine la ville qui s'étend à ses pieds – image que l'on croirait sortie d'un livre de contes. Construit au XIIIe siècle, ce château fort fut remanié 300 ans plus tard et transformé en un ensemble de dimensions considérables, le plus vaste existant en Basse-Saxe. Il fut le modèle préféré des peintres de genre hollandais. Jacob van Ruysdael le prit fréquemment comme motif de ses toiles. Dans la cour intérieure, on découvrira le «Seigneur de Bentheim», une croix de grès datant des débuts de l'art roman.

Nachdem in Osnabrück das Ende des Dreißigjährigen Krieges besiegelt wurde, erlebte die Stadt eine neue Blüte. Sichtbarer Ausdruck von Wohlstand und Macht war die Errichtung des Residenzschlosses, das Fürstbischof Ernst August I. im Jahre 1690 bezog. In dem viergeschossigen Barock-Palast am Neuen Graben residiert heute der Kanzler der Universität.

After an end to the Thirty Years' War was agreed in Osnabrück in 1648 the city underwent a revival. One visible expression of prosperity and power was the building of the Residenzschloss, which Prince Bishop Ernst August I moved into in 1690. Nowadays the chancellor of the university resides in the four-storeyed Baroque palace on Neuer Graben.

L'acte mettant fin à la guerre de Trente Ans ayant été scellé à Osnabrück, la ville entra alors dans une nouvelle phase de grande prospérité. Sa richesse et sa puissance s'exprimèrent dans l'édification du Château résidentiel, où le prince-évêque Ernst-August emménagea en 1690. C'est dans ce palais baroque de quatre étages, situé rue Neuer Graben, que réside aujourd'hui le recteur de l'université.

Oldenburg gibt sich —
ganz untypisch für Niedersachsen — vorwiegend
klassizistisch. Der Grund:
Im Jahre 1676 fielen 1.000
Bauten einem Großbrand
zum Opfer. Erst als die
Dänen aus der Festungs-
stadt abzogen und der
Oldenburger Herzog Peter
Friedrich Ludwig 1785 seine Residenz von Eutin
wieder in die Stadt an der
Hunte verlegen konnte,
entstanden alle Repräsen-
tationsbauten neu. Dafür
hat man ihm vor dem
alten Palais ein Denkmal
gesetzt. Im Hintergrund
ragt die St. Lamberti-
Kirche mit ihren vier Eck-
türmen in den Himmel.

Quite untypically of Lower
Saxony, Oldenburg has a
predominantly Classical
appearance. The reason is
that in 1676 a thousand
buildings fell victim to a
great fire. Only when the
Danes withdrew from the
fortress town and Duke
Peter Friedrich Ludwig of
Oldenburg was able to
move his court back from
Eutin to the town on the
River Hunte were all
official buildings replaced.
In recognition a monu-
ment to him was erected
in front of the old palace.
In the background the
four corner towers of the
church of St Lambert
stretch up towards the sky.

Oldenburg présente au
visiteur un visage en ma-
jeure partie néo-classique,
fort peu caractéristique de
la Basse-Saxe. La raison
en est, qu'en 1676, un millier de bâtiments furent la
proie des flammes dans
l'incendie qui ravagea
alors la ville. Ce n'est que
lorsque les Danois se reti-
rèrent de cette cité fortifiée
et que le duc d'Olden-
burg, Peter Friedrich Ludwig, quitta Eutin pour revenir sur les bords de la
Hunte pour y installer sa
résidence, que tous les
bâtiments d'apparat furent
reconstruits à neuf. C'est
la raison pour laquelle un
monument fut érigé à sa
mémoire, face à l'ancien
palais. A l'arrière-plan,
l'église St-Lamberti dresse
dans le ciel ses quatre
tours d'angle.

Hoch im Norden, zwischen den Mündungsarmen von Weser und Elbe, liegt das Land der Marschen und Moore. Hier ist der Himmel weit und die Luft klar wie der hochprozentige „Köm", der den wortkargen Bewohnern zuweilen über Gebühr die Zungen lockert. Dann erzählen sie von der See und vom Wind, der stetig von Westen und Norden über das Weideland fegt und seit undenklichen Zeiten verheerende Sturmfluten gegen die Deiche peitscht. Oder von Klaus Störtebeker, der mit seinen Vitalienbrüdern die Schiffe der Hamburger Kaufleute aufbrachte und einen guten Teil des Gewinns an die Armen verteilte, solange bis ihn die Hanseaten vor Helgoland stellten und seinen Kopf auf einen Pfahl am Elbstrand steckten.

„Sturmfest und erdverwachsen" sind im Marschland weniger die Menschen, wie es fälschlicherweise im Niedersachsenlied heißt, sondern die Kühe. Man sieht sie schon von weitem in der Landschaft stehen. Denn hier ist die Erde noch eine Scheibe. Das heißt, so flach, daß einzig die Wingst, ein 64 Meter hoher bewaldeter Rücken an der Oste, die Zentralperspektive trübt.

Tief im Südwesten, kurz vor den Toren Bremens, ragt allerdings noch ein berühmter Sandhügel aus dem feuchten Grund: Der Weyerberg. Den erklomm einst Rainer Maria Rilke. Offenbar nur, um der Plattheit zu huldigen: „Flach liegt es da, fast ohne Falte. Dort beginnt ein Himmel von unbeschreiblicher Veränderlichkeit und Größe", schwärmte der Dichter über das Teufelsmoor, das sich 25 Kilometer weit über Heide, Gagel, Knopf- und Wollgras-Wiesen erstreckt. Rilke war hier häufig Gast in der Künstlerkolonie Worpswede, wo die Maler Fritz Mackensen, Otto Modersohn, Paula Modersohn-Becker, Heinrich Vogeler, Fritz Overbeck und Hans am Ende, „fasziniert von der melancholischen Weite" und der „Kargheit an Licht und Farbe", seit 1884 arbeiteten und ihre lebensreformerischen Ziele zu verwirklichen suchten.

Vogelers Barkenhoff, das Café Worpswede, der Bahnhof, Möbel und Intarsien — dies alles wurde von der Gruppe in phantastischen Jugendstilformen entworfen und ausgeführt. In den zwanziger Jahren erprobte Vogeler in der Kolonie sozial-revolutionäre Konzepte mit Obdachlosen und Bedürftigen, ehe er sich in die Sowjetunion aufmachte, wo sich seine Spur in den Weiten der Taiga verlor.

Heute lebt der Ort prächtig von der Patina der einstigen Avantgarde. Vor allem an schönen Wochenenden besuchen zahlreiche kunstsinnige Touristen die Galerien, das Vogelerhaus und das Torfschiffahrtsmuseum.

Bis ins Jahr 1106 blieb die Wiesmoorlandschaft zwischen Elbe und Weser gänzlich unberührt. Die ersten Kolonisten waren Holländer. Sie deichten die Flüsse Wümme und Hamme ein und zogen Entwässerungsgräben durch das Moor. Christian Findorff, seit 1772 königlich hannoverscher Moorkommissar, gründete im „Nassen Stader Dreieck", zu dem auch das Teufelsmoor zählte, 50 Moordörfer nach holländischem Vorbild. Das Leben war allerdings wenig erfreulich und brachte nicht viel ein: „Der ersten Generation den Tod, der zweiten die Not, der dritten das Brot."

Auch das Alte Land hat seinen Wohlstand der Natur in jahrhundertelangen Kämpfen abgetrotzt. Bis zu acht Meter hohe Deiche schützen das größte Obstanbaugebiet der EG heute gegen die Sturmfluten der Elbe. Der letzten Katastrophe am 16./17. Februar 1962 fielen allein in Hamburg 317 Menschen zum Opfer.

Doch daran denkt niemand, wenn sich die Marsch zwischen Stade und Buxtehude jedes Frühjahr in ein riesiges Blütenmeer verwandelt und Millionen Ausflügler anzieht. Vor den Gehöften grüßen liebevoll geschnitzte Prunkpforten und künden wie die Altländer Fachwerkhäuser, die mit ihren typischen Backsteinmustern wuchtig aus den Plantagen ragen, vom Reichtum, den die Bauern hier seit Jahrhunderten aus der Ernte von Birne, Kirsche, Apfel und Zwetschge ziehen.

Wenn die Zeit und die Früchte reif sind, stehen an den Straßen die prallgefüllten Obststände der Bauern, und auf dem Deich kreist munter die Apfelmostflasche. Doch das frugale Vergnügen ist nicht alles, was das Alte Land zu bieten hat. Kuriositäten wie die Chronometer von Estebrügge, die nach Art der Kuckucksuhr an den 400 Jahre alten Kirch-

Far to the North, between the Weser and Elbe estuaries, lies a land of marshes and fens. Here the sky is a broad expanse and the air as clear as the high-proof schnaps which sometimes excessively loosens the tongues of the taciturn inhabitants. On those occasions, they talk of the sea and the wind which blows constantly from the West and North across the pasture-land and since time immemorial has whipped devastating storm tides against the dykes. Or of Klaus Störtebeker, who, with his fellow-pirates, seized Hamburg merchants' ships and distributed a good proportion of the proceeds to the poor, until the Hanseatic citizens captured him near Helgoland and impaled his head on a stake on the bank of the Elbe.

Despite the misleading words of the Lower Saxon national song, it is not so much the marshland people as the cows who are "stormproof sons of the soil". You can see them from a great distance standing in the meadows. For here the earth is still flat. So flat that only the Wingst, a 210-feet-high ridge of woodland beside the River Oste, obscures the overall view.

Nonetheless, far to the South-West, just outside the gates of Bremen, a famous sandhill towers up out of the marshy ground. This is the Weyerberg, once scaled by the poet Rainer Maria Rilke. "It is perfectly flat, almost without a fold. There begins a sky of indescribable changeability and grandeur," is how the poet enthused over the Teufelsmoor or Devil's Fen, extending for 25 kilometres across heather, bog myrtle and cotton grass meadows. Rilke was often a guest here in the artists' colony of Worpswede, where from 1884 onwards the painters Fritz Mackensen, Otto Modersohn, Paula Modersohn-Becker, Heinrich Vogeler, Fritz Overbeck and Hans am Ende worked, "fascinated by the melancholy wide open space" and the "sparseness of light and colour," and tried to put into practice their ideas for a better way of life.

Everything, from Vogeler's Barkenhoff, the Café Worpswede and the railway station to furniture and intarsia work , was designed and executed by the group in fantastic Jugendstil shapes and patterns. In the 1920s Vogeler experimented in the colony with socially revolutionary schemes involving homeless and needy people before heading for the Soviet Union, where all trace was lost of him in the wide open spaces of the Taiga.

Nowadays Worpswede makes an excellent living from its associations with the erstwhile avant-garde, especially on fine weekends when numerous art-lovers visit the galleries, the Vogeler House and the Peat Shipping Museum.

Until 1106 the area of meadows and fens between the Elbe and the Weser remained quite untouched. The first colonisers were Dutch. They built dykes along the Rivers Wümme and Hamme and dug drainage ditches through the fens. In the "wet Stade triangle," which included the Teufelsmoor, Christian Findorff, appointed Royal Commissioner for Fens in 1772, founded 50 fen villages on the Dutch model. Admittedly life was pretty hard and rewards were few: "Death for the first generation, poverty for the second, bread for the third".

The Altes Land too has achieved prosperity as the result of a centuries-long battle in defiance of nature. Nowadays dykes up to eight metres high protect the largest fruit-growing area in the European Community from the Elbe storm tides. 317 people died in Hamburg alone in the most recent floods, on 16-17th February 1962.

But nobody thinks of that when every year in spring the marshes between Stade and Buxtehude are transformed into a gigantic sea of blossom which attracts millions of daytrippers. Magnificent ornately-carved wooden gateways greet you at the farmhouse entrances. Like the substantial half-timbered houses with their typical brickwork patterns standing proudly among the orchards, they evince the wealth the farmers have derived here over the centuries from their harvests of pears, cherries, apples and plums.

Aux confins nord du pays, au beau milieu des ramifications que forment la Weser et l'Elbe à leur embouchure, s'étend le pays de la Marche et des tourbières. La voûte du ciel y est immense et l'air aussi pur que le «Köm», dont le degré d'alccol élevé délie parfois plus que de raison la langue de des habitants à l'humeur d'ordinaire taciturne. Ils vous conteront alors des histoires de mer et de vent, de ce vent qui souffle de l'ouest et du nord et balaie en permanence les terres de pâturages, ou de raz de marée dévastateurs qui, depuis des temps immémoriaux viennent prendre les digues d'assaut. Peut-être vous narreront-ils aussi l'histoire de Klaus Störtebeker qui, avec ses pirates, les «Vitalienbrüder» arraisonnait les vaisseaux des riches négociants de Hambourg pour distribuer une bonne partie du butin aux pauvres, jusqu'au jour où les habitants de cette cité hanséatique se saisirent de lui devant les côtes de l'île de Helgoland et empalèrent sa tête sur un pieu, au bord de l'Elbe.

Il faut cependant ajouter que, dans les pays de la Marche, ce sont les vaches et non les hommes qui «défient la tempête» et sont «enracinées dans leur terroir», au contraire de ce que prétend une fameuse chanson saxonne. On les aperçoit, de loin déjà, éparpillées dans le paysage. En effet, la terre y est encore une surface plane. Si plate même que la «Wingst», mamelon boisé de 64 mètres de haut, situé en bordure de l'Oste, vient interrompre la ligne de l'horizon.

En bordure sud-ouest, aux portes de Brême, une autre colline sablonneuse, elle aussi bien connue, dépasse des terres marécageuses qui l'entourent: le Weyerberg. Rainer Maria Rilke en fit l'ascension. «Il repose, tout plat, presque sans faille. Là, commence un ciel d'une inconstance et d'une immensité indescriptible», exultait le poète en décrivant le Teufelsmoor, le «Marais du Diable», qui s'étend sur 25 kilomètres à travers les landes de bruyère et les prairies où poussent le myrica, le galinsoga et la linaigrette. Rilke y fut souvent l'hôte de la colonie d'artistes de Worpswede où, depuis 1884, travaillaient les peintres Fritz Mackensen, Otto Modersohn, Paula Modersohn-Becker, Heinrich Vogeler, Fritz Overbeck et Hans am Ende, que les «étendues mélancoliques» ainsi que par la «parcimonie de la lumière et des couleurs» fascinaient et qui cherchèrent à y réaliser leur vision réformatrice du monde.

Le Barkenhoff où vécut Heinrich Vogeler, le Café Worpswede, la gare, mais aussi les meubles et les ouvrages de marqueterie furent conçus et exécutés par ce groupe d'artistes dans le style fantastique qu'est l'Art Nouveau. Dans les années 20, Vogeler voulut mettre ses conceptions socio-révolutionnaires à l'épreuve en intégrant à la colonie des sans-abris et des

nécessiteux, avant de se rendre en Union soviétique où ses traces se perdent dans les étendues de la Taiga.

La localité vit aujourd'hui confortablement de la patine qu'y a déposée l'avant-garde de l'époque. Par beau temps, touristes et amateurs d'art y affluent le week-end pour visiter les nombreuses galeries, la maison de Vogeler ainsi que le Torschiffahrtsmuseum (Le Musée de la navigation sur les canaux des tourbières).

Ce pays de tourbières et de prairies resta à l'état de totale virginité jusqu'en 1106. Les premiers colonisateurs furent des Hollandais. Ils endiguèrent les rivières que sont la Wümme et la Hamme et aménagèrent des canaux de drainage à travers les tourbières. S'inspirant du modèle hollandais, Christian Findorff, «Commissaire des tourbières» au service du roi de Hanovre, fonda 50 villages dans le «Triangle humide de Stade», dont faisait également partie le Teufelsmoor. Cependant, la vie y était peu réjouissante et ne rapportait que peu: «la mort à la première génération, la misère à la deuxième et du pain à la troisième». L'Altes Land, le «Vieux Pays» a, lui aussi, dû braver les forces de la nature pendant des siècles pour s'assurer une certaine prospérité. Des digues atteignant jusqu'à huit mètres de haut protègent aujourd'hui des grandes marées de l'Elbe la plus vaste région de culture fruitière de la Communauté européenne. Dans la seule ville de Hambourg, le dernier cataclysme de ce genre, qui eut lieu les 16 et 17 février 1962, coûta la vie à 317 personnes. Mais nul n'y pense, lorsque les pays de la Marche, entre Stade et Buxtehude, se métamorphosent, chaque année, au printemps, en une gigantesque mer de fleurs, attirant des millions de touristes. Devant les grosses fermes, de somptueux portails, sculptés avec amour, saluent le visiteur, témoignant de l'opulence des paysans qui, depuis des siècles, tirent leurs revenus de la récolte des poires, des cerises, des pommes et des prunes. Il en est de même des maisons à colombages de l'Altes Land, qui dépassent des plantations d'arbres fruitiers, exhibant leur architecture de briques rouges artistement décorées.

turm genagelt sind, lohnt es ebenso zu entdecken wie die Kunstwerke des Arp Schnitger. Er stammte aus Neuenfelde und gilt als einer der größten Orgelbauer des 17. Jahrhunderts. Sein Meisterstück steht in der Kirche seines Geburtsortes. Im nahen Jork hat übrigens der große Aufklärer Gotthold Ephraim Lessing 1776 seine Eva König geheiratet.

Unabhängig von der Jahreszeit ist das Alte Land ein Paradies für Wanderer und Fahrradfahrer, die sich aber auch problemlos in Richtung der etwa 100 Kilometer entfernten Nordsee vorarbeiten können. Es locken nicht nur reizvolle Wege durch das Wiesenland der Kehdinger und romantische Herbergen, sondern auch das architektonische Kleinod Stade. Die Stadt liegt zwischen Altem Land und Wingst direkt an der Elbe. Zu Zeiten der Hanse die große Rivalin Hamburgs, war Stade nach dem Dreißigjährigen Krieg unter schwedischem Protektorat die Hauptstadt für die Stifte Verden und Bremen. Vom Vierungsturm von St. Cosmae und Damiani hat man einen herrlichen Blick über die wasserumsäumte Altstadt mit dem barocken Bürgermeister-Hintze-Haus und dem Schwedenspeicher.

Das Nordseebad Cuxhaven hat andere Traditionen zu bieten. Es lockt Touristen seit 1816 mit langen Sandstränden und Wanderungen durch eine der großartigsten Wattlandschaften Europas. An der Elbemündung wacht die Kugelbake, das Wahrzeichen der Stadt. Jahrhundertelang wiesen solche Holzgerüste (Baken) Seefahrern den Weg entlang der Küste. Die Kugel ist das Symbol für Cuxhaven — Wangerooge hat beispielsweise eine Eieruhr. Das Hafenbollwerk „Alte Liebe" ist einer der schönsten Aussichtsplätze der deutschen Küste. 90.000 Schiffe passieren hier jährlich die Seefestung, und bei Ebbe läßt sich der 13 Kilometer entfernte Hamburger Vorposten Neuwerk mühelos nassen Fußes oder — bequemer — mit dem Pferdewagen erreichen.

Bleibt ein Abstecher nach Südwesten hinter die Flögelner Seenplatte ins Land der Wursten. Der Name rührt nicht etwa von der Liebe zur Brägenwurst, einem Produkt aus Schweinehirn, das der Niedersachse, wenn es wintert, gern im Zuge größerer Gelage mit Braunkohl und Bratkartoffeln zu sich nimmt. Am Weserufer und an der Küste konnte man wegen der häufigen Überflutungen nur auf künstlich aufgeworfenen Warften oder Wurten bauen. Was im Laufe der Jahre umgangssprachlich zu Wursten wurde.

In den uralten Fischerdörfern Dorum und Wremen nördlich von Bremen hat sich diese Siedlungsform erhalten. Hier steht noch der Storch auf dem Dach der reetgedeckten Häuser, und die Ureinwohner erledigen das Krabbenpulen wie zu Großvaters Zeiten in mühseliger Handarbeit, was sie dem Besucher gerne demonstrieren. Nicht so gerne lassen sie die Fremden zuschauen, wenn sie über die Salzwiesen am Außendeich streifen, um den Kümmelkohl zu stechen. Denn diese Spezialität wächst nur in sehr begrenzter Anzahl.

When both time and fruit are ripe, the farmers' lusciously laden fruit-stalls stand by the roadside, and walkers on the dykes cheerfully pass the apple-juice bottles from hand to hand. But such modest pleasures are not the only thing the Altes Land has to offer. Curiosities like the Estebrügge chronometer, nailed like a cuckoo clock onto the 400-year-old church tower, are well worth looking up, as is the work of Arp Schnitger. Born in Neuenfelde, he was considered one of the greatest 17th-century organ-makers. His masterpiece is in the parish church of his native village. In nearby Jork, incidentally, the great man of the Enlightenment, Gotthold Ephraim Lessing, married Eva König in 1776. Regardless of the season, the Altes Land is a paradise for walkers and cyclists, who can continue a smooth ride towards to the North Sea, 60 miles downstream. Awaiting them are delightful tracks through the Kehdingen meadows, romantic inns and guesthouses, and, above all, Stade with its exquisite architecture.

Stade lies between the Altes Land and the Wingst, directly on the Elbe. In Hanseatic days it was Hamburg's great rival, and after the Thirty Years' War, as a Swedish protectorate, it was the capital of the dioceses of Verden and Bremen. From the crossing tower of St Cosmae and Damiani's church one has a marvellous view over the moat-encircled Altstadt with its Baroque Bürgermeister Hintze House and the Schwedenspeicher or Swedish Warehouse.

The North Sea resort of Cuxhaven has other traditions to offer. Its long sandy beaches and walks through some of the most superb mudflats in Europe have been an attraction for tourists since 1816. The round marker buoy, the town's emblem, stands guard by the Elbe estuary. For centuries wooden buoys like this guided ships along the coast. The ball shape is the symbol of Cuxhaven. Wangerooge, for example, has an egg-timer. The harbour fortifications, known as "Alte Liebe" or "Old Love," provide one of the best vantage points along the German coast. Every year 90,000 ships pass by the sea wall here. At low tide, if you don't mind getting your feet wet, you can walk across to the Hamburg outpost of Neuwerk eight miles offshore. If you prefer a little more comfort, you can take a horse-drawn cart.

It remains but to make a detour westwards beyond the Flögeln lakes into Wursten country. Though "Wurst" means "sausage" in German, the name is not derived from the Lower Saxons' fondness for Bregenwurst, pork brawn sausages, which they like to eat in autumn with cabbage and fried potatoes as part of a larger meal. On the banks of the Weser and along the coast, because of the frequent floods, people had to build their homes on artificial mounds known as Warften or Wurten. Over the years this became corrupted in common parlance to Wursten.

In the ancient fishing villages of Dorum and Wremen north of Bremen this type of settlement has been preserved. Here storks still stand on the thatched roofs and the original inhabitants laboriously shell shrimps by hand in the traditional way, which they enjoy demonstrating to tourists. They are less keen on strangers seeing them roaming across the salt meadows by the outer dyke cutting Kümmelkohl, a delicacy which grows only in very small quantities.

Lorsque le temps a fait son œuvre et que les fruits sont mûrs, les paysans installent au bord des routes leurs stands regorgeant de fruits et, sur les digues, la bouteille d'«Apfelmost», le cidre de la région, passe de main en main. Mais ce frugal plaisir n'est pas le seul attrait du «Vieux Pays». Des curiosités telles que le chronomètre d'Estebrügge, cloué, pareil à un coucou, au clocher de l'église datant de 400 ans, vaut la visite au même titre que les orgues réalisées par Arp Schnitger. Cet artiste, originaire de Neuenfelde, passe pour être l'un des plus grands facteurs d'orgues du XVIIe siècle. Son chef d'œuvre peut être admiré dans l'église de sa ville natale. C'est dans la ville proche de Jork, que le grand philosophe des Lumières, Gotthold Ephraim Lessing, épousa Eva König en 1776.

Indépendamment de la saison, le «Vieux Pays» est le paradis des randonneurs, qu'ils soient à pied ou à bicyclette. Ils pourront, d'ailleurs, aisément pousser «le pied» jusqu'à la mer du Nord qui n'est qu'à 100 kilomètres de distance et se laisseront séduire par les chemins pleins de charme y menant, les grasses prairies de la contrée des Kehdinger et les auberges romantiques mais aussi par le joyau architectonique qu'est Stade.

Cette ville est située entre le «Vieux Pays» et la Wingst, à proximité directe de l'Elbe. Grande rivale de Hambourg, à l'époque de la Ligue hanséatique, Stade devint capitale régionale — dont dépendaient les couvents de Verden et de Brême — après la guerre de Trente Ans, lorsque la ville échut à Suède. Du clocher de l'église St-Cosmae et Damiani dont la tour surplombe le transept, se dégage un magnifique panorama sur la vieille ville entourée d'anciennes douves et l'on apercevra la maison de style baroque du bourgmestre Hintze ainsi que «l'Entrepôt des Suédois» (Schwedenspeicher).

La station balnéaire de Cuxhaven, en bordure de la mer du Nord, a d'autres traditions à proposer. Ses longues plages de sable attirent le visiteur depuis 1816 et le Watt, cette frange côtière d'où la mer se retire à marée basse, leur offre la possibilité de faire des randonnées à travers l'un des plus beaux paysages d'Europe. La «Kugelbake», une grande balise désaffectée, emblème de Cuxhaven, monte la garde à l'embouchure de l'Elbe. Pendant des siècles, les ovrages en bois de ce genre signalaient aux navigateurs la route à suivre le long des côtes. La boule est le symbole de Cuxhaven. Wangerooge, a, lui, un sablier. La jetée du port, appelée «Alte Liebe» (Vieil amour), est l'un des plus beaux belvédères de la côte. 90.000 navires passent chaque année ce rempart marin et à marée basse, l'avant-poste de Hambourg qu'est Neuwerk, à 13 kilomères de distance, est accessible à pied (qu'il ne faut pas craindre de se mouiller) ou — pour plus de confort — en voiture à cheval.

Il nous reste à faire un crochet en direction de l'ouest, au Pays des Wursten, de l'autre côté de la région des lacs de Flögeln. Le nom ne lui vient pas de ce que ses habitants ont une faiblesse avouée pour la «Bregenwurst», saucisse faite de cervelle de porc, dont le Bas-Saxon se régale aux premiers frimas de l'automne, l'accompagnant de chou frisé ainsi que de pommes de terre sautées. Comme il était pratiquement impossible pour les paysans de construire leurs fermes le long de la Weser ou de la côte, en raison des inondations fréquentes, ils les érigèrent sur des «Warften» ou «Wurten», sortes de monticules de terre artificiels. Cela finit par donner «Wursten», saucisses, en langage populaire.

Une forme d'agglomération singulière a survécu dans les vieux villages de pêcheurs que sont Dorum et Wremen. La cygogne y fait encore son nid sur les maisons coiffées de chaume et les autochtones y décortiquent les petites crevettes grises comme au temps de leurs ancêtres, c'est-à-dire à la main, un art laborieux qu'ils démontrent volontiers aux visiteurs. Par contre, ils n'apprécieront pas tellement que l'étranger les regarde faire, lorsqu'il traverse les prés-salants sur la digue extérieure pour aller y piquer le chou frisé. Car cette spécialité de la région n'y pousse qu'en très petite quantité.

An der „Alten Liebe"
kommt keiner vorbei. Die
Anlegestelle aus dem Jahre
1732 ist der berühmteste
Ausguck der Nordseeküste
und eines der Wahrzeichen
des Seebades Cuxhaven.
Wer von den Sommergä-
sten nicht gerade übers
Watt zur Insel Neuwerk
pilgert, steht gewöhnlich
hier und beobachtet die
Ozeanriesen, die elbauf-
wärts Richtung Hambur-
ger Hafen stampfen. Frü-
her wiesen ihnen schwim-
mende Leuchttürme wie
das Feuerschiff „Elbe 1"
den Weg, das heute in
einem neu angelegten
Yachthafen als Museums-
schiff zu besichtigen ist.

There is no overlooking
the "Alte Liebe".
This jetty, dating from
1732, is the best-known
vantage point on the
North Sea coast and one
of the emblems of the seaside resort of Cuxhaven.
Summer guests who are
not making the pilgrimage
across the mudflats to the
island of Neuwerk are
usually standing here
watching the gigantic
oceangoing ships sail up
the Elbe towards the port
of Hamburg. In the past
their way was marked by
lightships like the "Elbe 1,"
now a museum ship for
visitors to explore in a
new yacht harbour.

Personne ne peut passer
outre le «Alte Liebe». Cet
appontement, construit en
1732, dont le nom signifie
«Vieil Amour», est la
«hune» la plus célèbre de
tout le littoral de la Mer
du Nord et l'un des em-
blêmes de la station bal-
néaire qu'est Cuxhaven.
Ceux des estivants qui ne
sont pas partis à la découverte de l'île de Neuwerk
à travers le Watt, se re-
trouvent d'ordinaire à cet
endroit, contemplant les
cargos géants qui remon-
tent l'Elbe et tanguent en
direction de Hambourg.
Des sémaphores flot-
tants, tel le bateau-phare
«Elbe 1», aujourd'hui mu-
sée et accessible au public
dans un port de plaisance
nouvellement aménagé,
leur indiquaient autrefois
la route à suivre.

Westlich von Bremen, am Rande des Teufelsmoors, steht der Barkenhoff im Künstlerdorf Worpswede. Der Maler und Sozialrevolutionär Heinrich Vogeler hat ihn entworfen, als er hier um die Jahrhundertwende mit Gleichgesinnten eine Künstlerkolonie gründete. Der Dichter Rainer Maria Rilke beschrieb die Faszination des herben Moores: „Flach liegt es da, fast ohne Falte (...), dort beginnt ein Himmel von unbeschreiblicher Veränderlichkeit und Größe." Noch heute zieht die melancholische Schönheit der Landschaft Künstler und Kunsthandwerker an das idyllische Plätzchen.

The Barkenhoff stands on the edge of the Teufelsmoor, or Devil's Fen, in Worpswede, west of Bremen. It was designed by the painter and social revolutionist Heinrich Vogeler who, together with a group of like-minded people, founded an artists colony here around the turn of the century. The poet Rainer Maria Rilke described thus the fascination of the austere fen: "It is perfectly flat, almost without a wrinkle. There begins a sky of indescribable changeability and grandeur." The melancholy beauty of the landscape still attracts artists and craftspeople to this idyllic spot.

C'est à l'ouest de Brême, en bordure du «Teufelsmoor», que se trouve le village Worpswede avec le Barkenhoff. Heinrich Vogeler, peintre et révolutionnaire social, en conçut les plans lorsqu'il y fonda, en compagnie d'autres personnalités de l'époque, partageant les mêmes idées, une colonie d'artistes au début du siècle. L'écrivain Rainer Maria Rilke décrivait ainsi la fascination qu'opérait sur lui l'austère tourbière: «Elle repose, plate, presque sans faille. Là commence un ciel d'une inconstance et d'une immensité indescriptibles». La beauté mélancolique du paysage et l'aspect idyllique de l'endroit n'ont cessé jusqu'à nos jours d'attirer artistes et artisans d'art.

Die ehemalige Hansestadt Stade hat sich den Charme verblaßter Größe bewahrt. Im Wasser des historischen Hafens verschwimmen nachts die Fassaden der alten Kontore, und das Glucksen der Elbe wird leiser. Sie raunen vom Mythos des Piraten Klaus Störtebeker, dessen Kopf die Hamburger — ewige Rivalen Stades — unweit der Stadt auf einen Pfahl steckten. Der Seewind flüstert von Seide aus China und indischem Kardamom.

The former Hanseatic town of Stade has retained the charm of faded grandeur. At night the facades of the old merchants' houses and the lapping of the Elbe mingle in the waters of the historic harbour. They murmur tales of the pirate Klaus Störtebeker, whose head the people of Hamburg, eternal rival of Stade, impaled on a stake not far from the town. The sea wind whispers of silk from China and Indian cardamom.

L'ancienne cité hanséatique qu'est Stade a conservé le charme de sa grandeur passée. La nuit, les façades des anciens comptoirs commerciaux se noient dans l'eau du vieux port et le clapotis de l'Elbe vient mourir sur ses môles. Elles évoquent le mythe du pirate Klaus Störtebeker, que les Hambourgeois — éternels rivaux de Stade — décapitèrent et dont il empalèrent la tête sur un pieu dans les proches environs de la cité. Le vent du large vient chuchoter des histoires de soie en provenance de Chine ou de cardamome des Indes.

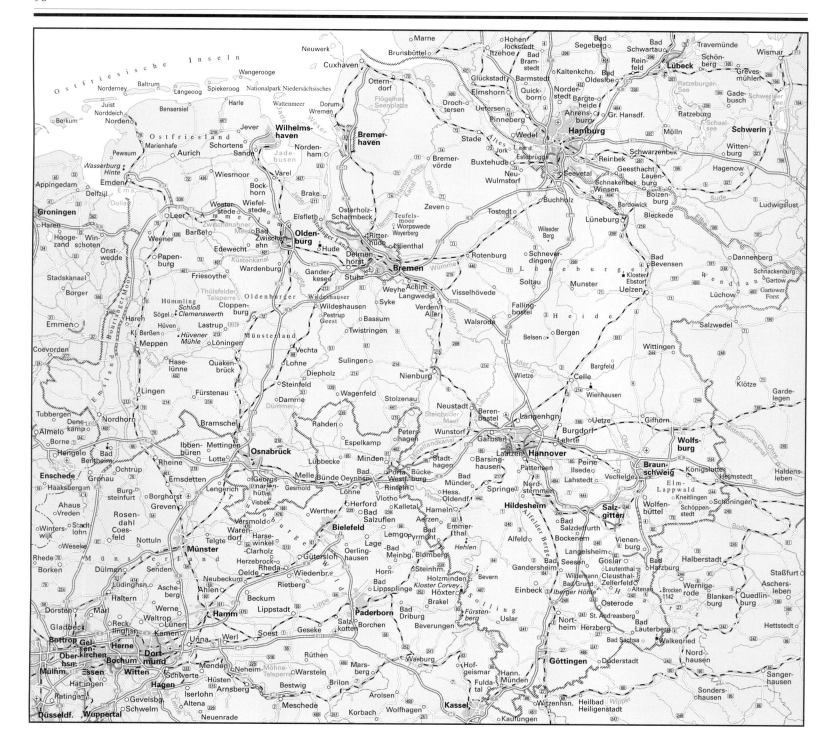